「市民が主役」の原点へ

民主党〝新生〟のために

Yanase Susumu
簗瀬 進

花伝社

「市民が主役」の原点へ——民主党〝新生〟のために◆目次

はじめに　7

はじめに

この本は、一九九〇年から始まり、身もだえしながら悪戦苦闘してきた私の歴史を、端的にまとめようとした本です。そして、さらにこれからのこの国の未来を展望しようとする本でもあります。

新しい道に踏み入ろうとするとき、心ならずも振り切っていかなければならない様々なしがらみが出てきます。自民党離党、さきがけ離党といった大きな十字架を背負いながら、あえぎあえぎ、私は長い坂道を上ってきました。

この本の直接のテーマは民主党の原点と未来を考え探ろうとするものです。しかし、それは当然この国の政治の原点ともつながり、さらには私個人の原点にもつながるものです。

そこで、はじめに私と政治の原点を語ることをお許しください。

私に政治への最初の志を植えつけたのは、自民党栃木県議会議員五期の現職中、六三歳で亡くなった父勇でした。父は、私が小学校三年のときに県議選に初出馬し落選します。校庭の砂場で連呼する父の名前を聞き、友達に冷やかされて顔を真っ赤にした少年は、やがて卒業記念に「父のあとつぎになる」と書いていました。

私が大学一年生の時、父は衆議院選挙に挑戦します。県連の公認は得られたものの、自民党本部は公認せず、党籍証明のみで出馬して供託金没収の大惨敗となりました。佐藤栄作総理の沖縄返還密約問題に端を発した一九六九年の「沖縄解散」総選挙でした。その時私は大学立法粉砕闘争で無期限ストに突入していた大学を離れ、返還前の沖縄を見ようと那覇のユースホステルに滞在していましたが、急きょ日本に戻り選挙運動期間中孤立無援の父の応援弁士を務めました。このとき、演説をする私の声をかき消すように自民党の巨大な遊説カーが目の前を通り過ぎて行った長い時間は、忘れられない政治の原風景です。

県議五期になっても副議長のポストすら得られなかった父は、やがてテクノポリスの栃木県誘致を目指して異常なほどの執念を燃やします。前立腺がんと知りながら医者の制止をふりきって自ら民間の調査団を組織し、アメリカの先端産業や都市開発の視察を二度にわたり行いました。二度とも私を秘書役として同行させた父でしたが、インシュリンの注射を打ちながら国際電話で県の幹部を叱咤激励する父の鬼気迫る姿に、私は圧倒されました。帰国後半年足らずで死去した父の最後の姿も、忘れられない政治の原風景です。

父はおそらく、現実の政治で満たされぬ思いをテクノポリスにかけたのでしょう。しかし、高い目標のために病身を捧げつくした父の姿を私は忘れることができません。

そんな父が私に残した印象的な言葉があります。それは「日本人が、自らの判断で天皇制を否定できるようになったら、一人前なのだが」という言葉です。陸軍主計大尉として台湾で終戦を迎え、戦後公職追放にあった父でしたが、父から戦争を讃美する声を聴いたことはありませんでした。軍事演習で旗手として軍旗をはためかせ田川に突入して勝ちの判定を手にした軍国少年だった父の漏らした言葉は衝撃的でした。

もちろん私は日本国憲法の象徴天皇制を高く評価している一人です。おそらく父のこの言葉は、政治の最終的な目標は、その国の国民の自主的な意思決定能力を高めるしかない、そんな根本的なテーマを示唆したものとして受けとめています。以来、『菊と刀』から始まりこの国の戦争の歴史を深く考え続けてきました。

一九九〇年に始まる国会議員としての私の歩みの中で一貫して流れているテーマは、この国の政治の自己決定能力を高めるためにはなにができるか、ということです。そしてそのためには、高い自主的な判断能力と良識をそなえた市民層をできるだけ拡大し、政治に参加する機会と手段をできるだけふやすこと、言葉を変えれば、この国の民主的な決定力を高めていくしかないと考えてきました。

小選挙区制の採用も、市民中心型社会の構想も、NPO法への取り組みも、寄付金税制へのこだわりも、さらには、日本の歴史リスクに向き合う歴史認識の重要性も、重要な国政問題についての国民投票手続きの採用も、すべてこのことへ直結する課題だと意識しています。

そんな視点でこの本を読んでいただければ幸せです。

I部——民主党の現状

第1章　二〇一二年一二月総選挙惨敗の原因

1　選挙結果をどう受け止めたか

二〇一二年一二月一六日に行われた第四六回総選挙は、自民党の獲得議席数二九四に対し、民主党は五七議席と、選挙前から一七三議席を失うという大敗に終わりました。この選挙結果は、残念ではありますが思った通りでした。相当に厳しい結果に終わることは予想していました。

ただ、予想以上の大惨敗であったことは確かで、私の地元栃木を含む北関東ブロックを見ても、群馬などはもともと自民党の強いところですが、枝野幸男さんの頑張りなどで比較的健闘していた埼玉でここまで苦戦するとは思いませんでした。結局北関東ブロックで、小選挙区で当選したのは二人、惜敗率で救われたのが三人、合わせて五人でした。

全国的に見ても民主党の議員がゼロになった県も多く、愛知や三重など民主王国と言われた県を含む東海ブロックなども相当厳しい結果となり、文字通り大惨敗となりました。

この結果はやはり、二〇〇九年の政権交代時にあった国民の期待感が喪失感となり、やがて嫌悪感――もう民主党の名前を聞くこと自体いや、というところまできてしまったことの表れなのだと受け止めています。

国民の一七％の支持で大勝した自民党

得票数という点で昨年の選挙を見てみると、二〇〇九年総選挙での民主党の比例得票数が約二九八〇万票ありました。今回は約九六〇万票でしたので、二〇〇〇万以上の票を失ったことになります。

一方自民党の比例得票数ですが、前回が約一八八〇万票であったのに対し、今回は約一六六〇万票とむしろ減っています。ということは、民主党が失った二〇〇〇万票は自民党に流れたわけではありません。これはいわゆる第三極、日本維新の会が約一二二〇万票、みんなの党が五二〇万票ありましたので、民主党のマイナス分の大半はこちらに吸収されたと考えられます。ただ、吸収した先が割れていたことが、結果として自民党を浮上させたのです。

今回の選挙は投票率も五九・三二％と過去最低に低く、これに自民党の得票率を掛けると、国民のおよそ一七％が自民党に投票したことになります。自民党は一七％の国民の意思によって、三分の二近くの議席を獲得する結果となりました。

2 選挙制度改革は必要か

この結果を受け、現在の小選挙区制度が果たして妥当なのか、変える必要があるのではないかという声が上がっており、民主党内でも「また中選挙区制に戻したらどうか」という議論も沸き起こってはいます。私も、小選挙区効果が強烈に出るものだということは、今まで頭の中ではわかっていましたが、ここまでのものだったことを改めて実感しました。

とはいえ私は、中選挙区に戻すべきだとは思いません。このような政権交代のドラマを、場合によってはもう二、三回、国民の皆さんに見ていただいたうえで検証したほうがいいだろうと思っています。

なぜかと言いますと、あのような劇的な結果が国民一人ひとりの一票の結果により生まれたこと、これは我々の立場からすれば負けたとはいえ、大変に貴重な経験となったからです。

国民の意思がビビッドに反映されドラスティックな変化が起こる、こういった一票の威力を国民が実感できるような選挙は、日本の歴史上まだ二回目だと思います。一回目はもちろん二〇〇九年民主党政権交代時の選挙ですが、それ以前は、強固な五五年体制のもと、多少の勢力変動があったとはいえ、主権者たる国民が一票の力を実感できるような選挙はありませんでした。

この国の民主主義の最大の欠点は、主権者が自らの票の価値や威力を実感する機会がほとんどなかったことにあると思います。もう何回かこのような選挙を経験するなかで、自分達が望む生活を実現するためにはどのような選挙制度がふさわしいのか、国民の皆さんに大いに議論していただきたいのです。

国民が主権者であることを実感できる選挙は、歴史上まだ二回行われたにすぎません。劇的な変化を経験することでこの国の民主主義が成熟していくと考えれば、もちろん民主党としては厳しい反省が必要なことは言うまでもないことですが、前向きに捉えるべき結果であったと個人的には思います。

3 「御破算主義」の克服

そういった選挙結果を受けて成立した安倍内閣ですが、いま安倍さんは、景気対策を中心に一生懸命、政策を打ち出しておられます。

ただここ二回の総選挙がそうであったように、政権運営の結果次第では、また劇的な変化が起こることになるでしょう。

現政権の景気対策は、やはり五五年体制の時と同じく公共事業が中心となっています。もちろんその中身は、かつてのようなハコモノや無駄な道路ではないでしょうし、自民党も反省しているところもあると思いますが、お金の流れる癒着の構造自体は以前とほとんど変化はないので、流れるお金の量が増えてくれば必ず腐敗は生まれてきます。

現在もまだ、予算がどう使われるかきちんと監視する仕組みができていない中で、お金の量が増えていけば必ずムダが生じる結果となります。

またいわゆる「アベノミクス」と言っても、その正体は急激な円安誘導であり、もう現時点でも輸入材料費の急騰など、長年の円高構造で安い資材を輸入してきた国内製造業では、急激な採算の悪化が進んでいます。早晩、「安倍さんは余計なことをやってくれた」などの恨みの声が上がってくるでしょう。

私はそれらをきちんと監視していきますし、民主党としてもそこにチャンスがあると思います。

何よりも、一票の重みを二回の政権交代を通じて実感した国民の中に、主権者として政権をしっかりチェックするんだという意識が芽生えてきているのではないでしょうか。

そういった意味でも、あと何回か、現在の選挙制度下で国民に信を問うような選挙をするべきだと思うのです。

マスコミの報道姿勢

ただ心配になるのは、民主党政権の時もそうでしたが、マスコミの伝え方です。今は現政権とも蜜月にあるようですが、先ほど申し上げたようなムダが明らかになった場合、一気にバッシングが始まることになるでしょう。

もちろん報道機関には、権力を批判的に監視する姿勢が不可欠ですが、マクロな観点から日本の民主主義を成熟させていくような視点が欠けています。また単純なバッシング報道一辺倒になれば、選挙は単なる懲罰の機会となり、政権交代というシステムが「ちょっとやってはダメ」の繰り返しになってしまう。そこには積み重なっていくものが何もないのです。

かつて私は、超党派の勉強会で坂野潤治先生（歴史学者、東京大学名誉教授）のお話を聞いたことがあります。坂野先生によると、戦前の日本には、政友会と民政党によるそれなりの二大政党制が、五、六年の間存在していました。結局これは、戦争に向かう流れの中で政党政治そのものが機能しなくなり大政翼賛会へとなだれをうつことになるわけですが、先生は戦前の二人政党制に触れて「御破算主義」ということをおっしゃいました。

「御破算」といえば我々の世代はそろばんを思い出しますが、あれはじゃらっと玉をはじけば簡単にゼロにリセットできます。これを「御破算で願いましては……」とやるわけですが、坂野先生は日本の政治は御破算主義であると指摘されたのです。

つまり何も積み上がっていかないと。前政権にそれなりの実績があったとしても、政権が代わってしまえばすべて掘り崩され、更地になってしまうわけです。そのたびにまた新しく一からはじめる、そんなことを繰り返していては、いつまでたってもこの国の政治に厚みは出てこない、先生はそうおっしゃいました。

私は現在のマスコミの報道姿勢を見るにつけ、どうもこの御破算主義を現場で実践しているような気がしてなりません。マスコミの皆さんにはぜひ、日本の民主主義をどう成熟させていくのか、国民の政治参加への意識をどう高めていくのか、そういうマクロな視点をもって政治事象を捉え、報道していただきたいと願います。

政権交代と積み重ね

民主党政権だからこそ成し得たこともいくつかありました。

例えば原発の問題ですが、今まで五四基の原発建設を推進してきた自民党がもし政権であったなら、福島原発事故後の、政府にとって不都合な情報が出過ぎるくらいに出てきた状況が生まれたかどうか。事故の審議委員会の顔触れにしても、一〇年前には学会の異端者と見られていたような方や、いわゆる「原子力ムラ」から受け入れられなかったような学者さんでも採用され、政府見解として厳しい報告書を提出しています。

こういった絶対に後戻りしてはならないようなことについてまで全部否定してしまうとすれば、それこそ御破算主義です。何をやってもまた初めからスタートし直すことになる。

私は政権交代というダイナミズムの中で民主主義を成熟させていくべきだと述べましたが、これは御破算主義とはまるで別のものです。政権政党が替わったとしても、残すべきものは残し、継続していくべきものは継続する。情報公開を推進していくことなどは、たとえ政権が代わっても後戻りさせてはなりません。アメリカでもイギリスでも、成熟した政治をやっている国はきちんと積み重ねがあるのです。

あと数回、政権交代というプロセスの中できちんとした政治的な積み重ねを行うことで、国民も政治家もこの国における理想の民主主義に近づいていけるし、そのようにすべきだと私は思います。

ドイツのＳＰＤとＣＤＵという二大政党制が確立するためには、三〇年の歳月を要しました。

明治の新体制が確立したのを帝国議会や憲法発布の時と考えれば、維新から三〇年以上の時間を必要としています。

五〇年続いた自民党の一党支配の政治を変えていくために、二年や三年ですむはずがありません。二度、三度の政権交代の混乱期を乗り越えられなければ、またこの国は明治以来、あるいはもっと前からの「御上《おかみ》支配」の時代に簡単に逆戻りしてしまいます。

第2章　民主党政権三年間を総括する

1　なぜ民主党は信頼を失ったのか

民主党政権の三年間で、鳩山さん、菅さん、野田さんと三代の首相が生まれました。それぞれの政権運営について個別に反省しなければならない点はありますが、私はいま民主党がすべき総括は、一九九六年に民主党が誕生し、一九九八年、二〇〇三年と拡大していく過程で我々が失ったもの、変わってしまったものを直視することにあると思います。

それを端的に言えば、民主党には結局綱領、すなわち党のコンセプトがなかったということになります。自分達はどんな政党で、どんな社会を作り上げていくのか――そのビジョンを描くことができなかったのです。

消費税の議論もＴＰＰの議論も、党内で紛糾した場合に立ち返る綱領がないので、結局国民に、「民主党はブレている」という印象を与えてしまいました。

これは実は鳩山さんが総理になる前、政権交代以前からあった問題で、民主党が拡大する過程において、「数は力なり」という論理がまかり通るようになり、綱領不在の事態を問題視することがなくなってしまいました。

その結果、本来は手段にすぎないはずの政権交代を目的化してしまった。何のために政権交代するのか、政権交代してどのような政治をするのかの議論が真剣になされず、どうしたら政権交代が実現できるのかという発想を中心にマニフェストを作成してしまいました。

このあたりは後ほど述べる小沢一郎さんが民主党にもたらしたものを避けて通れないのですが、政権交代してどのような政治をするのかを議論し世に問うていくべきところを、数の論理に従っていく中で、政権交代を至上命題にしてしまった。「政権交代の自己目的化」、これこそ民主党の反省すべき点だと思います。

この手段と目的の取り違えは、政権交代以外にもあてはまります。例えば行政改革をやるんだと意気込んでも、何のために行革をやるのか、その上位概念がなければ単なる役人バッシングや、目立った天下りを廃止し他は手をつけない程度の取り組みにとどまってしまいます。

これは後で述べる民主党結党時の理念、つまり「市民が主役の社会をつくる」という上位概念がなければなりません。行政改革とはつまり、官僚ではなく市民が主役である社会をつくるための社会構造改革でなければならないのです。

綱領不在のところに数の論理が入ってきて手段と目的の取り違えが起こるようになってしまった――これこそが実は、政権交代以前からずっとあった民主党の問題点だと思います。

2　「市民が主役の社会をつくる」という原点

明治維新以降続いている日本の政治の最大の問題は、官僚機構の肥大化につきると思います。

本来官僚が担う分野は公の目的が優先されることに限りますが、経済活動にまで官僚の意向が強く反映されるようになっていることに最大の問題があります。

経済活動は企業が担うものですが、企業は自社の利益を追求する存在ですから、官僚の論理とは相容れないものがある。これがごっちゃになってくると、官僚側にしても企業側にしてもおかしなことになってきます。官僚と企業の癒着構造ということがさかんに批判されますが、これは単純な善悪の問題ではなく、この国の社会構造そのものを変えなければ本質的な前進ができないといった構造問題と認識すべきだと思います。

まさにここに焦点を当てたのが、もともとの民主党だったのです。私が当時、「市民が主役の民主党」というキャッチコピーを考えたのは、市民が自立と共生により、自発的・自主的に活動できるような分野をもっと拡大していくという社会構造改革の目標を提示したつもりでした。

私がイメージしたのは、公共セクター、企業セクター、市民セクター、この三つの分野が調和した社会です。そして一番弱いのは、NPOや自治会などの市民セクターです。特に地方などでは、自治会が行政の下請けのような存在になっている。地方の首長などと仲良くなってしまい、選挙の後援母体となってしまうなど、自治会は名ばかりの存在になってしまっているところすら存在しています。

本当の意味での自立した市民の分野、これを強化し拡大していくことが実はこの国の最大の課題であるということ、実はそれこそが民主党がもともと目指してきた「市民が主役の社会をつくる」ということなのです。

鳩山氏の「友愛」も同様の概念

以上のようなことを考えて基本理念というか基本的なコンセプトというか、それらを整理しながらまとめていくこと、それが一九九六年当時、民主党の政策委員長だった私の仕事だったのです。そして鳩山由紀夫さんの掲げる「友愛」も、実は同じことを言っているのだと思います。

鳩山さんの理念である友愛は、単なる友情や愛情のことではありません。言うまでもなく、フランス革命の際に旗印とされた自由、平等と並び立つ概念としての友愛です。

これは新自由主義の話にもつながるのですが、自由を尊重し推し進めていけば、必ず優勝劣敗の世の中になってきます。それに対し平等はブレーキをかけるのですが、行き過ぎれば活力のない社会になってしまう。

このジレンマの調整概念として友愛があるわけです。つまり友愛とは本来、他者の個人としての尊厳や人権を尊重することなのです。これは民主党の「自立と共生」と同じことを表しています。先ほど申し上げた市民セクターの拡大は、まさに友愛を社会構造に反映させる政策といえるでしょう。

市民の「民」と主役の「主」をとって民主党という名前にしたのは、何よりも「市民が主役の社会をつくりたい」という思いが強かったからで、そこは私も鳩山さんも同じだったのだと思います。

3　数の拡大と原点の喪失

民主党結党時、我々は当初から二大政党制を念頭に置いていました。一九九六年時点の民主党はまだまだ小さな所帯でしたが、構えは大きくいこうということで、アメリカの民主党との共通性や類似性をかなり意識していました。

たとえば労働組合とパートナーシップを結んでいるという点で、アメリカ民主党と労働総同盟（ＡＦＬ）の関係のように、我々は連合と手を組んでいこうと考え、そのためのメッセージも出していきました。

実は当時、党内にもいろいろな意見があって、例えば政党名に「自由」を入れたほうがいいのではないか――自民党の逆で「民主自由党」ですとか――という議論もあったのですが、私は「自由」という言葉は使いたくないという思いがありました。

これは私自身の経済に関する考えもあるのですが、連合と手を組んでいこうというとき、これからは新自由主義との距離感が大事になると考えたからです。

さらに、米ソ冷戦構造が終わった後の新しい世界情勢に対応する二大政党制の対立軸は、新自由主義との距離感である、そんな思いもう一方でありました。

新自由市場主義に親和的な政党が自民党であり、これに警戒感を持っている政党が民主党――そんな枠組みこそ、これからの時代にふさわしいのではないだろうか……そんな構想です。

新自由主義が推進されれば、必ず格差は拡大し貧困層は増大します。そうした場合、労働組合が掲げるのは格差是正であるはずです。政党名に「自由」を入れなかったのは、新自由主義に対し常に警戒感を抱き、セーフティネットの整備などでその弊害を是正していく、こうしたメッセージをパートナーに示すという意味合いもあったのです。

二大政党の一翼を新自由主義にアンチの立場から担う、これが民主党のスタート時にあったコンセプトなのです。

ところがこの発想自体が、民主党が拡大する度に、薄れてしまうことになります。それに代わって党内で言われるようになったのが「政権交代」であり「政治主導」であったわけですが、こうした結局は手段にすぎないものをテーゼにしてしまったのが、今に続く民主党の信頼喪失につながっていったのだと思います。

民主党政権における各政権を見れば、例えば鳩山さんの普天間基地移設問題、菅さんから野田さんのTPPや消費税問題など個別の問題がありますが、これらは民主党結党時のコンセプトからいえばどれも「どうなんだろう」という対応になってしまいました。こうなったのは、政権奪取以前から進んでいた原点の喪失が背景にあり、民主党政権が三年三カ月で終了してしまったのも、ここに理由があると思います。

4　政治主導はなぜ実現できなかったのか

政権交代時、民主党のテーゼであった、官僚主導から「政治主導」への転換についても、反省すべき点があります。

二〇〇九年の鳩山政権発足時、幹事長は小沢一郎さんでしたが、政治主導という掛け声のもと、「陳情は霞が関ではなく党に一元化させろ」という取り組みが強烈に行われます。霞ヶ関の高級官僚から政策決定の主導権を奪おうとした取り組みです。またその一方で、地方自治体と中央官庁のつながりを遮断しようとしたわけです。官僚を敵視していたのです。

さすが小沢幹事長（当時）の「剛腕」と思いました。しかし、どうも小沢さんの指示を側近がかなり増幅しているのではないかと心配になりました。やりすぎではないかと思うような懸念もあったし、危なっかしい光景や、ちょっと「こっけい」な光景もありました。例えば予算編成をする際、政務三役の政治家が官僚の海にぽっかりと浮かんでいるようでした。政務官が必死に電卓をたたいて予算を考えている姿なども伝えられましたが、あれも官僚との距離感を間違っていると思いました。

鳩山さんの普天間問題にしても同様で、まだ彼はあの問題について真実は全部語っていないと思いますが、当時外務省や防衛省からどれほどのサポートがあったのか、なかったのか、これは非常にデリケートな問題ですが、いつか明らかにされる時がくると思います。

とにかく今の安倍政権に対する官僚の皆さんの協力的な態度とは対照的に、当時は冷え冷えとした空気が政権と官僚の間にありました。

当然ですが、官僚の中には高い志をもった立派な方がたくさんおられます。基本的に彼らは優秀ですし、情報をもっています。そういった人たちをいかに使って仕事をしていくか、その発想なしにやみくもに官僚を敵視して彼らとの距離感を誤ってしまった、これは民主党の未熟さと言われても仕方ないでしょう。

5　寄せ集め集団であったことの弱み

民主党はよく、その拡大のプロセスから寄せ集め集団であると指摘されてきました。そのことが政権を担っていくうえでどう影響したかというと、寄せ集めであるがゆえに、厳しい総括をすれば壊れてしまうのではないかという恐怖心が、いつも党内にあったように思います。

これは先ほどから申し上げている綱領がないという問題と表裏一体の関係にあります。どんなに意見が割れても、綱領に立ち返れば進むべき方向はおのずと見えてくるはずですが、綱領そのものがぼんやりしているためいつまでも対立が治まらず分裂してしまう可能性まである。分裂恐怖症みたいな状態にずっと置かれていたような気がします。

この問題はすべてのことに繋がってきます。

例えば民主党政権の目玉政策であった「子ども手当」にしてもそうです。

子ども手当については本当に実現できるのかという疑問や、そもそも現金給付することへのバラマキという批判が多く寄せられましたが、こうした声に対し金額を示して「いくらなら出せます」という切り返し方そのものが間違っているのです。

子ども手当は民主党の政策の基本、「一丁目一番地」と言われるものですから、なぜ子ども手当なのかということを背景からきちんと説明できなければなりません。

子ども手当の背景にあるのは、言うまでもなく少子化問題です。少子化は日本のあらゆる制度設計を根本から揺さぶる問題であり、この事態にどう対処していくのかということは、この国の最も重要度の高い国家戦略でなければなりません。今までの自民党の政策にはそんな視点が欠落していました。

その取り組みの第一弾としての「子ども手当」であり、その他にも高校授業料の無償化や待機児童対策があるわけです。少子化との戦いというコンセプトを提示したうえで個別の政策があることを常に訴えれば、「月額一万三〇〇〇円の子ども手当はいつ満額の二万六〇〇〇円にできるのか」というような、枝葉末節の追及に屈してしまうようなことはないはずです。

子ども手当や高校授業料無償化は、格差との戦いという側面もあります。現在、所得と教育の明らかな相関が指摘されていますが、どのような環境に生まれても教育を受ける機会を均等に保障し、格差スパイラルを断ち切ることが、これらの政策の大きな目的としてあります。

これは農家への戸別所得補償も同様で、経済構造の中でどうしても弱い立場に置かれてしまう農家を直接的にバックアップすることで、産業間格差を解消していくねらいがあるわけです。

しかしこれらの政策は、「いくらもらえるのか」「いつからもらえるのか」という金額ベースの議論に終始してしまい、与党として有効な切り返しができませんでした。

このように、まず理念があって個々の政策があるという意識が希薄で、理念と政策をセットで語ることができなかった。じゃあ理念を、綱領をはっきりさせようじゃないかとなると、考え方の違いに行きついて分裂する結果を招いてしまう——これが最後までつきまとったのが民主党政権だったように思います。

今だからできる原点の確認

先日、九六年以来の仲間である大畠章宏さん（元国土交通相、現民主党代表代行）から、「簗瀬さんが『市民が主役の民主党』といって始まったけれども、最終的には『俺が主役の民主党』になっちゃったね」と指摘され、まさにその通りだと痛恨の念を抱きました。

自分たちはどういった政党で何を目指すのか、そこが最後まではっきりしなかったために、最終的には政治家それぞれが各自の主張ばかりするようになってしまいました。

私の民主党政権三年三カ月の総括は、すべてが綱領不在ということに繋がっていきます。二〇年以上配信し続けているメールマガジン「マンデーレポート」で、まだ政権の座にあるときから「下野論」を訴えました。総選挙の一年三カ月前の二〇一一年九月です。

「今からでも遅くはない。民主党としての基本綱領をどのように考えるべきかの、厳しい議論をしっかりと行うべきです。綱領不在でいたずらに政権を維持するのであったら、下野してでもよい、政権を離れて、しっかりと民主党の政党としての歴史的な存在理由を、徹底して議論すべきだと思います」

二〇一二年総選挙の結果政権の座を追われた民主党にとって、今日ほど自分たちの原点を確認する議論を徹底して行うべき時はありません。
二〇一三年三月、海江田新代表のもとで行われた定期大会で新綱領が決定されました。

民主党綱領

二〇一三年二月二四日　二〇一三年度定期大会決定

日本は古来より東西の文化を取り入れ、大いなる繁栄と独自の誇るべき伝統・文化を築き上げた。多大な犠牲をもたらしたさきの大戦からも復興を遂げた。

しかし、経済の長期停滞、少子高齢化、人口減少による国力の低下に加え、新興国の台頭等による国際環境の変化は国民に長期にわたる閉塞感と不安感を与えている。

このような状況下で発生した東日本大震災及び原子力発電所事故は、未曾有の被害をもたらし、私たちに生き方や、科学・技術、物質文明のあり方までも問い直している。

大きな変革期を迎えた今、公正・公平・透明なルールのもと、生きがいを持って働き、互いに負担を分かち合う持続可能な社会を再構築しなければならない。そして政党と国民が信頼関係を築かなければならない。

私たちは、政権交代の実現とその後の総選挙の敗北を受け、あらためて原点を見つめ直し、目指すものを明らかにする。そして道半ばとなった改革を成し遂げるため、必ずや国民政党として再生し、政権に再挑戦する。

私たちの立場

我が党は、「生活者」「納税者」「消費者」「働く者」の立場に立つ。同時に未来への責任を果たすため、既得権や癒着の構造と闘う改革政党である。私たちは、この原点を忘れず、政治改革、行財政改革、地域主権改革、統治機構改革、規制改革など政治・社会の変革に取り組む。

私たちの目指すもの

一　共生社会をつくる

私たちは、一人一人がかけがえのない個人として尊重され、多様性を認めつつ互いに支え合い、すべての人に居場所と出番がある、強くてしなやかな共に生きる社会をつくる。

1　「新しい公共」を進める

私たちは、公を担う市民の自治を尊び、近代以降、官が独占してきた「公共」をそれぞれの主体に還す。地方自治体、学校、NPO、地域社会やそれぞれの個人が十分に連携し合う社会を目指す。

2　正義と公正を貫く

私たちは、互いの人権を尊重し、正義と公正を貫き、生涯を通じて十分な学びの機会と環境を確保する。男女がその個性と能力を十分に発揮する男女共同参画を実現し、不公正な格差の是正と、将来にわたって持続可能な社会保障制度により、すべての国民が健康で文化的な生活を送ることができる社会をつくる。

3　幸福のために経済を成長させる

私たちは、個人の自立を尊重しつつ、同時に弱い立場に置かれた人々とともに歩む。地球環境との調和のもと経済を成長させ、その果実を確実に人々の幸せにつなげる。得られた収入や時間を、自己だけでなく他者を支える糧とする、そんな人々の厚みを増す。

二　国を守り国際社会の平和と繁栄に貢献する

我が国の発展は開かれた交流の中からもたらされた。私たちは、外交の基軸である日米同盟を深化させ、隣人であるアジアや太平洋地域との共生を実現し、専守防衛原則のもと自衛力を着実に整備して国民の生命・財産、領土・領海を守る。国際連合をはじめとした多国間協調の枠組みを基調に国際社会の平和と繁栄に貢献し、開かれた国益と広範な人間の安全保障を確保する。

三 憲法の基本精神を具現化する

私たちは、日本国憲法が掲げる「国民主権、基本的人権の尊重、平和主義」の基本精神を具現化する。象徴天皇制のもと、自由と民主主義に立脚した真の立憲主義を確立するため、国民とともに未来志向の憲法を構想していく。

四 国民とともに歩む

私たちは、地域社会に根差した活動の中から課題を見出し行動する。積極的な議論と結論の遵守を旨として、健全な党内統治を徹底する。公開・参画・対話を重んじ、広く国民との協働による政策の決定と実行を目指す。

しかし、再生に向けた熱いメッセージが伝わったものとなっていたかどうか。徹底したブレーンストーミングはむしろこれからのようです。

第3章　民主党はどこで変節してしまったのか

1　マニフェストの上位概念としての「マグナ・カルタ」

二〇〇九年の総選挙はマニフェスト選挙とも言われ、ここで民主党は政権に就くことになったわけですが、党内でマニフェストが盛んに議論されるようになったのは、二〇〇六年に小沢一郎さんが代表に就任してからです。その後、二〇〇七年の参議院選挙の大勝を受け、さらに議論が活発になってきました。

「マニフェスト」という新しい政治的なテーマが急浮上してくるのは、そんなに古いことではありません。なにしろ、最初は「マニフェスト」を選挙で配ること自体、公選法の「文書違反」ではないかと議論されていたくらいです。公選法が改正されて、マニフェストが選挙で堂々と配れるようになったのが二〇〇三年から。この年が、正確な意味でマニフェスト政治の日本でのスタートの年でした。

マニフェスト政治を最初に提唱した民間政治臨調はもちろんのこと、マスコミも進歩派の知事たちも、マニフェスト政治を積極的に取り上げていきました。政治史的に見れば、自民対社会の五五年体制が終わり、自民対民主の新しい二大政党制へいよいよ変わっていく。そんな予感のなかで、マニフェスト政治が新鮮なまなざしで肯定的に受け止められていきます。そ民主党が、このマニフェスト政治という新しい風潮にしっかりと乗りながら政権交代ムードを高めていったことは、間違いありません。

党内で議論が進むにつれ、マニフェストはどんどん細かい約束事になっていきました。この約束事ができる／できないということになってくれば、仮に政権交代を実現しても相当きつくなってくるだろうと予感していました。そこで私は小沢代表の時代、マニフェストの上に更に骨太の理念にあたるマグナ・カルタを作ろうと提案しました。

私が考えた民主党マグナ・カルタは、格差と戦うであるとか、市民セクターの拡充と強化であるとか、民主党が目指す社会の在り方をいくつかの項目にまとめたものです。また、党内できわめて薄められてしまった「綱領」に代わるものを「マグナ・カルタ」として明らかにしたらどうかという私なりのこだわりもありました。

マニフェストのように細かい約束事ばかりですと、子ども手当の金額がいくらなどといった枝葉末節の議論に終始してしまいます。マニフェストは我々が目指す政治の「幹」というより「枝葉」の部分になるわけですが、それをパンフレットにして強調するのはどうだろうと。むしろ端的に目指すべき社会像をいくつか提示したほうが、後々ブレがなくていいとも思ったのです。

実際、マグナ・カルタを作るべく議論も始めましたが、皆さん真面目といいますか、いろいろな立場や考えに配慮してあれもこれも盛り込んでしまい、芯のないぼやけた議論になってしまいました。このあたりは前章で申し上げた分裂恐怖症もあって議論が深められなかったとも思います。

2　マニフェストの議論の実際

マニフェストの議論が始まったのは小沢代表の時代でした。そしてそれは二〇〇七年の参院選のために作られたものでした。この選挙で、参議院では民主党が自民党の議席数を上回る結果となり、いわゆるねじれ国会の状況に突入するわけですが、政権交代に向けた機運が一気に高まっていった時期でした。

この参院選に先駆けて党内に政権構想委員会という組織が作られ、私もメンバーに加わりました。ここで二〇〇七年参院選対応、やがてそれは二〇〇九年総選挙対応の公約すなわちマニフェストの原型になっていくわけですが、この議論に問題があったように思います。

政権交代に向けた期待感を国民の皆さんにもってもらおうという一心で、そこではかなり大ナタを振るうような議論が行われていました。

例えば財源の話についても、我々は当時野党でしたから財務省が実際にどれくらいの財源をもっているのか正確な情報が得られない状況でした。いきおい「埋蔵金」に象徴されるような、「これぐらいの財源はあるはずだ」というかなりざっくりした認識のまま議論を進めざるを得ませんでした。

財源の認識があやふやであったのに、それを使って行う政策はフルで財源を当て込んで考えていきました。子ども手当にはじまり高校授業料無償化、農家の戸別所得補償、果ては高速道路の無料化（これらはのちに野党から「4K」と批判されました）。こうした具体的な約束はもう少し絞り込んで考えるべきでしたが、当時の空気はそういった慎重な態度とは遠いものだと、反省をこめて思い出しています。

政権交代のプレリュードとしての暫定税率廃止

二〇〇七年の参議院選挙後、私は参議院の国対委員長に就任しました。そこで力を入れたことは、当時マスコミでもかなり話題になった、ガソリン暫定税率廃止でした。二〇〇八年四月、一カ月間だけガソリン価格が下がったことを記憶されている方も多いと思いますが、あれを国対委員長として陣頭指揮していたのが私です。

私が何としても暫定税率を廃止しなければならないと思ったのは、国民の皆さんに「政権交代すればこういうことがありますよ」という印象を与えたかったからです。そのために、当時の参議院のねじれ状況を利用してかなり無茶をしました。

二〇〇九年の総選挙で掲げられたマニフェストの原型は、実は鳩山さんではなく小沢さんが代表だったころに作られました。議論に加わらないことで有名な小沢さんでしたが、マニフェストを決める際は毎回顔を出し、主だった政策を決めていきました。

今となっては悪名高いマニフェストですが、あの時、もう少し抑制的に考えていればよかったという思いがあります。

私の妻が後になって、「あんなにあれもこれも約束しなくても、国民は民主党に政権を任せてくれたと思う」と言っていましたが、そうだったかもしれません。しかしそれ以上に、政権交代を現実のものにしたいという強い思いがあったのです。

3　民主党拡大と風化する原点

小沢さんが代表となり、マニフェストの議論が党内で進んでいったのは確かですが、私は民主党が変節する明確なターニング・ポイントというものはなかったと思っています。数が拡大していく中で、それとは裏腹に原点が風化し希薄になっていく事態がじわじわと進行した結果が、政権交代を成し遂げるも三年三カ月で国民の厳しい審判を受ける結果になったのだと思います。

もちろん、一九九八年の民友連各党（民主党、太陽党、フロム・ファイブ、民主改革連合）の合流、二〇〇三年の自由党の合流など明確な拡大のポイントはありましたが、誰がいつ入ってきたからおかしなことになってしまったというような単純な話ではありません。ただ、二〇〇三年の自由党の合流については、検証の意味で振り返っておく必要があると思います。

実は二〇〇二年の段階で、すんでの所で自由党との合流は見直されたことがありました。この時、鳩山さんのグループは合流もいいだろうという意見でまとまろうとしていましたが、私は孤立を覚悟しながら土壇場で反対しました。「こんなことをしたら鳩山さんは代表の座を追われてしまうし、次の選挙での当選もおぼつかなくなるかもしれない。そうなったら私は鳩山さんの選挙区にはりついてでも応援する覚悟だ」と皆の前で泣きながら演説をぶって合流を阻止した経緯があります。

なぜ私が反対したのかというと、小沢さんの政策理念が私としては今ひとつわからなかったからです。政権交代をしなければならないというのはその通りなのですが、政権交代の上位概念が何なのか、そこが見えない。

鳩山さんはその点、友愛に基づく社会をつくるという理念がそれなりにありました。それに基づくアジア重視外交などで立場の異なる人とぶつかることもありましたが、とにかく目指すべき社会像が確固としてあります。

それに対し小沢さんにはそれが見えません。もっといえば菅さんも野田さんもそうで、彼らの社会像が何なのか、はっきりしないところがあるように私には思えます。

さらに遡りますが、一九九六年九月、民主党を旗揚げする最初の段階で、さきがけを出て鳩山さんに付いていったのは私と五十嵐文彦さんの二人だけでした。さきがけの大半は菅さんの動向を見きわめようとしていました。そして、スウェーデンの高齢者住宅などの視察を終えて帰ってきた菅さんを鳩山さんが迎えに行き、二人の会談の結果、武村さんの周囲の皆さんを除いて、多くが民主党に参加することになります。そして社会党を離脱する決意を固めた人たちが加わって、九六年民主党の基本政策の大論議がようやくスタートすることになるのです。議論は数日にわたって行われましたが、とにかく九六年の民主党に集まった皆さんには、格差との戦い、新自由主義との距離感、市民主体の社会構築といったものが共有されていたように思います。

その後一九九八年に、当時の新進党から公明党系と小沢グループを除いたメンバーが合流します。

この九八年の段階で、九六年の旧民主党のイメージが強すぎるということで、「市民が主役の民主党」というキャッチコピーは使われなくなります。そのかわり、「生活者、勤労者、納税者のための政党」というようなフレーズが使われるようになり、九六年のコンセプトの風化が始まります。また、全議員を巻き込んだ「綱領」の議論も行われませんでした。

そこで先ほどの二〇〇二年に私が自由党の合流に反対した話に戻るのですが、九八年の段階でこれでしたから、小沢さんが入ってくることにより、民主党という名前すらも変えられてしまうのではないか、そういう危機感が私の中にあったのです。

その頃私は、小沢さんはあの『日本改造計画』の有名な冒頭――グランドキャニオンには柵がない、もし落ちても、それは自己責任――に明らかなように新自由主義者だと思っていましたから、それでなくても風化しつつある民主党の原点が、完全になくなってしまうのではないかと思っていました。

結局私のように反対する声もあり、小沢さんの自由党との合流は一年間遅れて、翌二〇〇三年、菅さんが代表のときに実現することになります。

4　私の小沢一郎論

ただ、相当に警戒していた小沢さんですが、一緒になってみると天才的な政治的感覚を持っているなと思うことがたくさんありました。

菅さんの後、岡田さん、前原さんと代表が変わりましたが、前原さんが代表だった時期は、永田メール問題（二〇〇六年）などもあって党が揺れ、支持勢力である連合との距離感も広がっていました。

その後小沢さんが「私自身が変わる」という名演説とともに代表に就任すると、最初に挨拶に行ったのが連合です。これは、本気で政権交代を目指して自民党と戦っていく上で、連合とのパートナーシップは不可欠であるという小沢さんの姿勢を示す行動だったと思います。

行動力や突破力がすごいことはわかった、では政策はどうなんだろうと思っていたところに小沢さんが出してきたのが、「国民の生活が第一」というスローガンです。私はこのスローガンを聞いた時、小沢さんはさすがだなあと思いました。

小沢さんはいつも、「剛腕（ゴーワン）」と言われたり「ブレない」政治家だと言われたりします。しかし実は、その時々に合わせて微妙に立ち位置を変えてきた人です。そしてその変化が実に絶妙です。新自由主義に近いはずだった小沢さんが、「国民の生活が第一」ということを言ってきた、これは絶妙かつ微妙にして幽妙な変化だと思いました。

何より「国民の生活が第一」というコンセプトは、誰も文句が言えない、反対できないものです。どの政党でも国民の生活が大事だと思っているし、日本国憲法の基本原理ですら「国民」主権主義です。そしてここに「生活」を付け加えます。

さらにこれを党のコンセプトに据えるということは、連合の立場とも非常に親和性が高く、格差との戦いという方向性を導くこともできます。最大の支持勢力である連合との関係性を修復するうえで、これほど妙味のあるスローガンはありません。加えて、コンセプトが漠としているから、新自由主義がどう変わったかなどといった論理的な追及も受けずに済んでしまう。このあたりはすごいなと思います。

小沢さんはその後も「国民の生活が第一」を政党名にまで用いましたから、相当に思い入れがあったと思いますが、このコンセプトの提示により連合との信頼関係が生まれ、政権交代に向けて民主党が強化されたことは間違いありませんでした。

政権交代と小沢一郎の功罪

ただ、「国民の生活が第一」を実現する具体的な政策は何かと言われれば、やはり何もありません。これは誰にでも受け入れられるコンセプトですが、その幅広さゆえに、具体的な政策に結実しにくいところがありました。ウケはいいのですが具体的な内容は曖昧模糊としている。さらに政策的な激しい対立があったときの裁定基準にもなりづらい。「綱領」と言えるような内容を持つまでには至りません。

また「国民の生活が第一」を打ち出すことは、私が再三申し上げてきた原点の喪失という問題の改善にもつながりませんでした。むしろ原点の風化に対する危機感を覆い隠してしまうようなマイナス面が目立ったように思います。

例のマニフェストの議論に戻りますが、あの時、あれもこれもと財源の試算もあいまいなままに盛り込んでしまったのは反省するところですが、私も政権交代しなければならないという意識のもと、約束ごとの大盤振る舞いに歯止めをかけることができませんでした。

そのマニフェストを前面に出して民主党は政権を獲得したわけですが、民主党政権を三年三カ月という短命に終わらせたのも、やはり「4K」と自民党などから揶揄されたあのマニフェストでした。

とはいえ、民主党の政権交代は、小沢一郎という存在抜きではなしえなかったものだと思います。ただ物事に陰陽があるように、その小沢さんが「国民の生活が第一」というコンセプトのもと作り上げたマニフェストに、首を絞められるかたちになってしまった。政治というものは常に功罪入り混じるものですが、小沢一郎という政治家と民主党の関係を考えてみると、まさにその通りだと思います。

5 若手議員の教育

二〇〇七年の参院選、二〇〇九年の総選挙で大勝することにより、民主党は数多くの若手議員を擁する政党となりました。彼らに対し、民主党とはどのような政党なのか、どのような原点から出発し何を目指すのかを教育するような取り組みについて、私はその必要性をつねに訴えてきましたが、最後までそれが実現することはありませんでした。

私が参議院の国対委員長に就任した後、初当選を果たした議員を集めて民主党の原点を伝える取り組みを行っていたのですが、これは参議院だけでやっていくようなものではなく、党を挙げて行うべきものだったと思います。

実際、党内でシンクタンクを作るという話がかなり進んではいたのですが、シンクタンクは未来を構想する機関であり、原点を確認するような性質のものとは異なります。

私は二〇一〇年の参院選落選直後、当時官房長官をやっておられた仙谷由人さんのもとを訪ね、民主党の原点を語り継ぎ、レベルアップしていくような教育機関を設置すべきだと進言しました。当時は参議院では議席を減らしたもののまだ少数に転落したわけでもなく、衆議院ではまだ多数を占めている状況でしたから、今のうちに原点を確認しておく必要があると思ったのです。

仙谷さんには「気持ちはわかるが、それは党で行うべきことなのでは」と言われ、官房長官として政府の要職にあった彼の状況を考えれば仕方のない対応だったとは思いますが、とにかく若手議員の教育はなされないままという状況は変わりません。

一九九六年の原点にこだわるのは、何も個人的な思い入れでそう言っているわけではありません。あの時、新しい政党を作ろうと、金子郁容先生（慶應義塾大学教授）や松岡正剛先生などにバックアップしていただき、ネットワーク論を駆使して相当刺激的なことを構想していたのです。そこではまだまだ未成熟でしたが、双方向のネットワークを有権者との間で構築し、コンピュータを意思決定に使うにはどうしたらいいのかといったような先駆的な議論が行われていました。

こういった取り組みが行われていたことが、残念ながら若い世代の議員にはしっかりと継承されませんでした。それは非常にもったいないように思います。さらに今の若手議員の間で、グループ内での勉強会や研究会はあっても、党を横断して闊達な議論ができる場がありません。このあたりも、急ごしらえの政党であることの弱みでしょう。

自民党は政権の座にあるかどうかが最も重要な政党で、「権力」のみが鎹《かすがい》になってきた、いわば何でもありの政党です。しかし民主党は、まず理念があっての政党であるべきだと私自身は思ってきました。

この国の民主主義を進化させるためには、民主党の再生はきわめて重要です。そのために必要なのは、自分たちが何を目指してスタートしたのかという原点の確認なのです。

Ⅱ部——民主党の原点

第4章 民主党の目指したもの

1 自民党政治の限界

これまで民主党が原点を喪失し、綱領なきまま進んできたことが、政権を国民に負託されながらその期待に応えることができなかった最大の要因であることを述べてきました。

ここでは、そもそも民主党という政党がどのような歴史的必然から生まれてきたのか、一九九六年の結党以前にさかのぼって検証していきたいと思います。

一九九〇年の自民党憲法調査会

わが国の戦後政治はいわゆる五五年体制が続いていたのですが、長期政権を担う中で、自民党に本当の意味での政策立案能力が失われ、政権担当能力もなくなっていたのは明らかでした。

私は一九九〇年の総選挙で初当選しましたが、当時は自民党に所属していました。その年、イラクのクウェート侵攻があり翌年の湾岸戦争につながるわけですが、当時、自民党の政調関係のうち憲法調査会が一番動きが早かったと思います。

この憲法調査会は私にとって、二つの意味で思い出に残るものとなりました。

一つは、このようにきわめて重要な問題を議論する場であったにもかかわらず、参加者が非常に少なかったということ。当時、時期がちょうど夏で、各議員は多く地元に帰っていわゆる「田んぼの草取り」に励んでいるような季節。だから参加者が少なかったのです。

皆さん事情はあると思いますが、憲法九条に関する議論をしようという場にこれだけしか人が集まらない、この政党って一体何なんだろうという思いを抱いたものです。

二つ目には、その憲法調査会には、かの板垣征四郎のご子息で板垣正さんという参議院議員がいらっしゃったのですが、板垣さんが滔々と自主憲法制定論を述べられました。

私はそれを随分自分の考え方とは違うなと思いながら聞き、当時は議員一期生でびくびくしながらも手を挙げ、「押しつけられた憲法と先生はおっしゃいますが、それは戦争に負けた結果押しつけられたわけで、戦争に負けるのは始めからわかっていたはずです。負けるに決まっている戦争を仕掛け、多くの命を犠牲にし、交戦国に多大な損害を与えた、そのような国策決定をなぜしてしまったのか、憲法論議の原点は『押しつけ』ではなく『敗戦』ではないのでしょうか」と板垣さんに議論を挑みました。

汗のふきでるような思い出ですが、そこで私が思ったのは、結局自民党というのは自主憲法制定論、すなわち押しつけられた憲法という牢固たる認識があり、かつての戦争を自己批判的に見ることができない政党なんだなということでした。

意思決定できない自民党

一九九一年一月、多国籍軍が参戦して湾岸戦争が始まるわけですが、この直前まで自民党は右往左往していました。

湾岸戦争への対応となれば、費用負担の国際的な要請から税の問題も出てきますし、安全保障の問題、自衛隊、自衛隊を輸送する運輸省……と横断的な議論が不可欠になってきます。外務省、防衛庁、大蔵省、運輸省、海上保安庁などなど関連する省庁が多くなればなるほど、自民党は政策決定ができなくなるのです。

当時、名ばかりの政調部会は開かれたのですが、毎回結論が出ず、「お前ら次回の部会までに答えを書いてもってこい」となる。この場合のお前らというのは、部会に参加していた官僚です。

私はそういう姿を目の当たりにして、自民党の政策決定が完全に官僚に委ねられていること、自民党の政調部会も霞が関の縦割行政と完全に一体化していること、結果として政治家が意思決定を何一つできなくなっている実態をまざまざと知ることになりました。

私は、こうした自民党の内部を知れば知るほど、この政党の再生は不可能なのではないかという思いを抱くようになっていくのです。

2 政治改革のうねり

私のスタートラインは、リクルート事件（一九八八年に発覚した贈収賄事件。リクルートコスモス社の未公開株が賄賂として多くの政治家に渡されていた）にあります。あのような汚職を二度と起こさないためにはどうすればいいか、それを訴えて当選した議員ですから、当初から政治改革に対する意気込みは相当なものがありました。

自民党内で政治改革の議論の中心にいたのが、後藤田正晴さんや羽田孜さん、そして武村正義さんです。そこでは、政権交代可能な政治システムの導入を検討しており、小選挙区制などが議論されていました。私もリクルート事件と湾岸戦争への対応で何も意思決定できない姿から自民党の再生が困難であることを感じていましたので、自民党内にいながら政権交代の必要性を模索する議論に加わっていったわけです。

自民党が機能不全を起こしているのと同じく、当時の二大政党であった社会党にも問題を感じていました。

社会党のほうも、自民党の金丸信さんと社会党委員長の田邊誠さんが水面下で合意をとりつける「国対政治」がまかりとおるような、緊張感のない〝万年野党〟となり、護憲という党是に凝り固まって政権担当能力を持ち得ない状況になっていたのです。

超党派の勉強会「パブロフの会」

ところで、私は初当選の二カ月ほどあと、NHKの番組に呼ばれました。これが初めてのテレビ出演だったのですが、この番組には岩屋毅さんや古屋圭司さんなど自民党の同期議員数名と、社会党からも筒井信隆さんや伊東秀子さんが呼ばれていました。

そこでは党派を超えてかなり議論が盛り上がったのですが、話を聞いていると社会党の中にも相当フラストレーションがたまっているように感じました。筒井さんなどは、かなり面白い発想を持っていると感じましたし、社会党内部にも、場合によっては自衛隊を合憲と認めなければならないという意見があることも知りました。

自民党だけでなく、社会党の中にも閉塞感を感じている若手議員がいる――それを知った私は、やがてある仕掛けに出ました。議員会館の裏手にある星陵会館の部屋を借りて、当時の自民党一期生と社会党一期生の若手議員の勉強会を開くことにしたのです。

そこではかなり率直に、「自衛隊はどうする」といった議論をしたのですが、私の考えともかなり近いという印象を持ちました。

私は実力集団としての自衛隊を考えるとき、シビリアン・コントロールをいかにしっかり確立させるかが最も重要なことだという考えなのですが、シビリアン・コントロールの頂点にあるのは議会です。自衛隊が違憲であるという考えに凝り固まっていては、議会の意向を軍の統制に反映させることは不可能です。

その時忘れられないエピソードがあるのですが、初回の勉強会が終わった後、筒井さんが「この勉強会は継続すべきだ」と私に言いました。私もそのつもりでしたので、「じゃあ名前を付けないと」と言ったところ、筒井さんが「『パブロフの会』がいいのでは？」と受けてきました。

パブロフとはあの条件反射の〝パブロフの犬〟のことですが、当時の社会党は、何に対しても「それは違憲だ」と条件反射のように言うだけの存在になっていて、そこから脱しなければならないという思いが若手議員を中心にあったのです。

社会党の中にも護憲のドグマにとらわれていない若手が存在し、話し合っていける手応えを得た私は、その後も超党派の仕掛けを行っていくことになります。

若手議員の会の活動

当時自民党の中では後藤田さんや羽田さんが中心になって、政権交代が可能な緊張感をこの国の政治は持つべきである、そのためには選挙制度を中選挙区制から小選挙区制に変える必要があると考えるいわゆる「改革派」と、小選挙区制への変更を竹下派支配の強化でしかないと考えて徹底反対するいわゆる「守旧派」の激しい内部抗争がありました。

私などは海部総理の直属派閥である河本派に所属し、海部総理自体は小沢さんがリーダーの分裂前の竹下派に支えられていましたから、私も自然に「改革派」の流れに組み込まれることとなりました。そしてこの「改革派」の若手戦闘部隊的に作られていったのが「若手議員の会」だったのです。

若手議員の会は当時の一期生と二期生が参加し、リーダー格は二期生の石破茂さんや渡海紀三朗さん。そして一期生の核になっていたのは岡田克也さん、岩屋毅さん、そして私などでした。

やがて若手議員の会は深夜の署名活動や宮沢総理の私邸への「夜討ち」、そして自民党総務会室占拠など、一九九三年の自民党大分裂に至る様々なアクションを仕掛け、大きな変革のエネルギーを集結することとなりました。

CP研究会の立ち上げ

若手議員の活動と同時並行で、私はCP研究会（Comparative Politics、比較政治）という勉強会を立ち上げます。これは政治改革に不可欠な小選挙区制度の導入について検討する勉強会です。

当時、自民党は小選挙区制をめざす「改革派」と、これを阻止しようとする「守旧派」のすさまじい対立がどんどん深まっていましたが、これに対し社会党や公明党は「あんな死に票が大量に出るシステムは駄目だ」と、小選挙区制に表向きは反対の立場を表明していました。選挙制度改革は自民党だけで議論できるようなことではなく、野党が賛同してくれなければ実現できるものではありません。そこで私は非自民の、選挙制度改革に理解を示す野党の若手議員をできるだけ拡大していこうと考え、超党派の勉強会の設立に思い至ります。それがこのCP研だったわけです。

当時、超党派の勉強会を作るなどということは、除名覚悟の行為です。もし議員会館でやろうものなら、派閥の先輩議員が飛んできて「何をやっているんだ！」と締めあげられるでしょう。私はかなり周到に注意深く動きましたが、そこで頼りにしたのが社会党の松原脩雄さんや、公明党の平田米男さんでした。二人はほんとうに除名覚悟で参加してくれました。

このCP研、当然党の組織としておおっぴらにできるものではありません。そこでバックアップしてくれたのが、政治改革を民間の立場で応援するシンクタンクであった社会経済国民会議、いわゆる民間政治臨調でした。そして簗瀬や平田といった政治家が代表になるのではなく、学者を据えたほうがいいだろうということになり、座長を引き受けてくださったのが、後に東大総長を務められた佐々木毅先生です。

CP研を通じた私の真の狙いは、自民党内にある政治改革の動きに対し、賛同してくれる野党議員を増やすことにありましたが、表向きは学者を座長とする純アカデミックな組織で、比較政治の観点から各国の選挙制度を中心とした政治制度を学ぶという趣旨の勉強会でした。月一回ほどのペースで、佐々木毅先生を中心に、高橋進先生（政治学、東京大学教授、故人）や山口二郎先生（行政学、北海道大学教授）、後に細川政権で選挙制度設計に携わった成田憲彦先生（政治学、駿河台大学教授）といった顔触れに参加していただきました。

CP研では日光で合宿を行ったこともありますし、学者の方々と各党の議員でかなり活発な議論を行い、小選挙区比例代表並立制など先駆的なアイデアも上がりました。CP研で議論したから後に現実化したというわけではありませんが、議論の内容は若手議員の勉強会からの提案の形をとって自民党にも報告されました。

そういった勉強会をやりながら、超党派で政治改革の意識を高めていくという仕事をやっていたわけです。

ＣＰ研は最後に『日本政治の再生に賭ける』（東洋経済新報社）という本を出します。参加した政治家の座談会の顔ぶれを見ると、岡田克也さんほか、当時の一期生の自民・社会・公明の多彩な顔ぶれを見ることができます。

民主党への伏流

以上申し上げたような動きの中に、後に民主党へとつながる母体があったと私は思っています。

こういった動きは今ではあまり語られませんが、私は民主党が、よく言われるようなたまさか出来あがった組織ではないということを申し上げたいのです。

まず自民党の中に、派閥政治を乗り越えようとする政治改革の激しい動きがあった。自民党が野党に下ることも覚悟のうえで小選挙区制度を導入しなければ、いつまでも自民党政権が続き、リクルート事件のような汚職が発生する――そうした危機感と使命感をもった勢力が、後藤田先生や羽田孜先生をはじめ存在していました。

その一方で、別働隊として、そうした自民党内の動きをＣＰ研のような自然なかたちで党の外に発信し、選挙制度改革の必要性を野党にも醸成していくような流れがありました。

これらの流れが一九九三年の新党さきがけと非自民連立政権の誕生、そして九六年の民主党結成につながっていくわけです。

3 新党さきがけへの参加

その後、自民党を離党した人たちを中心に新党さきがけが結成されるわけですが、このあたりの流れは非常に複雑です。ただ、あえて単純化して言えば、小沢一郎さんと武村正義さんの対立構造が一連の動きの背景にあるのではないかと思います。

私が参加していた自民党内の若手議員の会ですが、ここも後のさきがけへの動きの前兆として途中で分かれてきます。

当初、若手議員の会のメンバーは、二期生の中心として石破茂さん、それをサポートする渡海紀三朗さん、それに鳩山由紀夫さんがアイドル的存在としている。一期生には私、岡田克也さん、岩屋毅さんなどがいました。ところが一九九二年ごろから、渡海さんや鳩山さんといった人たちの姿を見なくなります。

私たちも「最近鳩山さん来ないなあ」なんて思っていたのですが、そのうちに、武村さんを中心に行政改革研究会という組織が作られます。これがさきがけの母体となるものです。また、細川さんと武村さんの連携にもつながっていました。

行政改革研究会には、小選挙区制に違和感を持っている人たちが多くいました。最大の論客は田中秀征さんで、彼も小選挙区のもたらす激しい対立構造には違和感を持たれていたように記憶しています。政治改革派でも、小選挙区制の導入を目指して動いていた小沢さんとは距離を置くスタンスでした。

武村さんと田中さんが中心となっているところに加わってきたのが、日本新党の細川護熙さんです。彼も同様に小選挙区への強いこだわりはありませんでした。さらに菅直人さん、江田五月さんなどが加わり、小選挙区制導入とは別のところで政治改革・行政改革を考えていこうというのが、この行政改革研究会でした。

私も実は、行政改革研究会に呼ばれました。

今でも印象深い出来事ですが、ある日私は武村さんに呼ばれ、次のように聞かれました。

「簗瀬さん、小沢さんのことどう思う?」

突然のことで私はびっくりしましたが、「小沢さんという方は大国主義のように見えます。大国を目指して背伸びをすると、この国の歴史は必ずおかしくなってきた。だから小沢さんの考え方と自分は少し違うように思います」と答えました。

武村さんは田中さんと同じように、石橋湛山の流れを汲んで、いわゆる小日本主義の考え方に立っているように思います。そののちに「小さくてもきらりと光る国」を提唱していましたから、大国主義とは対極にある考え方の持ち主だと思います。その時は「ふんふん、そう。じゃあね」とあっさりした感じでしたが、その時私は、武村さんからテストされたんだなと後から理解しました。そして行政改革研究会へとお呼びがかかることになります。

私は選挙制度では小沢さんと同じく小選挙区論者でしたが、国のあり方については武村さんに近い考えだったわけです。

さきがけ参加秘話

行政改革研究会のメンバーの一部はその後新党さきがけに発展します。一九九三年六月、発足したさきがけのメンバーは一〇人でしたが、私は最もあとに声がかかったメンバーでした。これは私の選挙区情勢に対しての先輩たちの気づかいと、小沢さんとの距離感が原因だったのかなと思っています。

私はさきがけに参加する前、若手議員の会やCP研に軸足を置いてやっていこうと思っていました。ところが若手議員の会の参加者はどんどん減っていき、六月の宮澤内閣解散の頃には、当時麻布のスーパー吉池前のビル二階にみんなでお金を出しあって借りていた事務所にほとんど誰も来なくなる。皆、派閥に締め付けられているのだろうなと思いながら、最後は岩屋毅さん——彼とは一心同体だと思っていましたから、岩屋さんと二人で自民党を離党してやっていこうと決めました。実はその時、二人だけの新党の名前として考えていたのが「さきがけ」という名前だったのです。

ところが最終局面になって、田中秀征さんから岩屋さんに声がかかります。そして岩屋さんからこの話が私に伝えられました。事務所二階のベランダで話している二人の姿がテレビに映されていて後でびっくりしました。そしてその後、二人で時間をずらして、指定された新橋のホテルに愛用の50ccバイクでマスコミを巻きながらかけつけました。

ホテルに着いてドアを開けると、自民党二期生、あの若手議員の会の先輩たちが揃っていました。なにしろドアを開けてくれたのが鳩山由紀夫さんで、「ああ、鳩山さんも武村さんの仲間だったんですか」と。私はその時初めて、若手議員の会に顔を出さなくなった人たちがこちらに参加していたことを知り、一人で納得していました。

奥には武村さんがすでに浴衣に着替えてでんと座っていて、「ああ、この人が親分なんだな」とすぐにわかりました。

後にさきがけとなる武村さんのグループに参加するにあたって、私が必死になってお願いして変えてもらったことがあります。

実はさきがけの皆さんは、宮澤内閣が解散する前の段階、四海波静かなうちに離党しようと考えていました。それに対し私は、自民党を離党するのは私にとって落選覚悟の行為でしたから、どうせ落ちるのならきちんとアピールしてからにしたい、そんな静かな離党では国民の皆さんに納得してもらえないと訴えました。

この訴えが聞き入れられ、一九九三年六月一八日、宮沢内閣の不信任案が可決され、その後解散手続が行われる二回の本会議の間の絶妙なタイミングで離党手続きが行われました。

私の訴えが聞き入れられたのは、さきがけの先輩の皆さんが、当選回数が少なく選挙の基盤が弱い私や岩屋さんに合わせてくれたやさしさだったのだと思います。

また、いわゆる小沢グループはそれから一週間ほど遅れて自民党を離党します。

不信任案が決議された六月一八日、本会議場ではすでに武村グループが離党するらしいという情報が流れていました。立ち話で離党する旨を武村さんから告げられた羽田孜さんは、「やられたな！」と言っていたそうです。

その後グループ内ではコンセプトを決める話し合いがもたれ、私が岩屋さんと二人で使うつもりだったさきがけという名前が党の名称になりました。

4　民主党の誕生

その後、さきがけは五五年体制を終わらせる非自民連立細川内閣を生みますが、紆余曲折を経て一九九四年には自社さ連立内閣に至ります。この自社さ連立内閣の経験を通じて我々は、小さな政党と大きな政党で連立政権を組むと、小政党は政策面でも政局面でも、様々に大政党に「いいとこどり」をされてしまうといった厳しい現実に直面します。

自社さ政権におけるさきがけのじり貧状況を打破するために武村さんが考えたのが「社さ」新党構想、鳩山さんが考えたのが船田元さんと組んでの「鳩船」新党構想——これは結局船田さんが離脱して鳩山新党構想になります。

この鳩山新党がやがて一九九六年の民主党につながるのですが、さきがけと社民党から特定の議員の参加を拒んだことでマスコミに「排除の論理」といわれたり、鳩山さんと武村さんの「怨念の対立」などと揶揄されました。

この「排除の論理」については、当時民主党からも十分な説明がなされなかったため、今も誤解がまかり通っています。しかし真実は、さきがけをいかに新党に脱皮させていくかの路線対立でした。決して感情論レベルの対立ではなかったことを強調したいと思います。

ピボット政党とウイング政党

いわゆる「自社さ」連立政権を運営していく中で、武村さんと村山富市さんの信頼関係は非常に厚くなっていました。そういった状況の中で、さきがけの再生を社民党とまるごとくっつければいいだろうと考えていたのが武村さんです。

その武村さんの構想に対し、私は非常に違和感を感じていました。

いくらきれいごとを言っても、合併となれば数の論理で圧倒的に優勢な社民党にさきがけが吸収されてしまうかたちになる。結果的にはさきがけの新鮮な血液が輸血されて、古い社会党をよみがえらせるだけに終わってしまうかもしれない。せっかく自民党を離党し、苦労してここまで新しい政治の在り方を模索してきたのに、五五年体制を復活させるだけではとても耐えられない。

具体的に言えば、自衛隊を違憲と言っているような人たちとはやはり組めないだろうと。私たちが自民党を離党して新しい政治を目指したように、社会党にある「護憲のドグマ」を乗り超えることのできる人でなければ、新しい時代の二大政党にはなりえないのではないだろうかと思ったのです。その結果として、社民党の左寄りの人たちを拒否するかたちとなり、「排除の論理」と言われたのでしょう。

それと同時に、新党には保守からの参加者も必要だろうと思いました。

ＣＰ研での勉強を通じて、私はピボット政党とウイング政党という考え方を知ったのですが、このピボット政党という存在こそ、さきがけが目指すべきものだろうと思っていました。ピボットとは軸足とか〝かなめ〟という意味ですが、さきがけが小さくともピボット政党となり、左右に分かれた大きな両翼のウイング政党を調整してリーダーシップを発揮するというあり方です。ウイング政党は左右なければバランスがとれませんから、社民党からメンバーを受け入れるのであれば、同じように保守的なスタンスのメンバーを入れなければなりません。

鳩山さんが船田さんに最後まで期待していたのも、さらに鳩山邦夫さんにこだわったのも、保守の立場からメンバーを迎えたかったからです。

こうした背景が理解されず、当時は兄弟新党などと揶揄されましたが、このことも新党構想の結果でそうなったと理解すべきです。

鳩山さんを中心とした旧さきがけのメンバーが中心となって、左からも右からも新しい政治を目指すメンバーを受け入れていく、その構想のもとに作られたのが九六年民主党でした。

九六年民主党の歴史的な意義を明言すると、それは五五年体制の一翼を担った旧社会党の「ステージアップ」といった重要な側面があると思います。自衛隊違憲、安保条約違憲のかたくななイデオロギーをもつ旧社会党には、野党としての最大の席は与えられても、政権の座は認められない——それが国民の多くの本音だったと思います。だから旧社会党では、政権交代は起こりそうで起こらなかった。その壁を何としても乗り越えて新しい二大政党を作っていく、それが九六年民主党の大きな目的でした。

しかし、その目的や意図を高らかに宣言するのは封印しました。明らかにすれば、さまざまなハレーションが間違いなく起きるに違いない、そんな配慮でこの点はあまり強調しませんでした。九六年民主党の「ヒドゥン・アジェンダ」（隠された課題）、それは旧社会党のイデオロギー総括だったのです。

これが「排除の論理」としてマスコミに言われるようになったわけですが、排除ではなく、そこにあったのは新党結成にあたっての路線闘争であり、同時に、東西冷戦構造が終わったあとの世界情勢に対応する新しい二大政党制をどう構想するかといった重要な問題が秘められていたと私は理解しています。

新党を立ち上げる大変さ

「排除の論理」で最大の誤解を招いたのは、「鳩山さんが武村さんを切った」という解釈です。

多くの人々の目にはそう映ったでしょう。しかしこれは「勝てば官軍」で民主党がその後大きくなったからそう言われるまでで、実態はまるで逆でした。

当時の状況を振り返ってみると、鳩山さんは圧倒的に孤立していました。さきがけのオリジナルメンバーの多くは、鳩山さんの新党構想には批判的でした。

それでも鳩山さんは、「たった一人でも党を出る」と言うのです。そこで私も、「一人で出るのはインパクトがありませんから、時間をずらして私と五十嵐がお供します」と言いました。だから最初に民主党を作るためにさきがけを離党したのは、鳩山、簗瀬、五十嵐の三人だけでした。

このように、実は少人数でスタートしたのが民主党です。「排除の論理」を振りかざしたと言われますが、我々だって数は多い方がいいに決まっています。でも、数が多くても何かわけのわからない集団を作ることは何としても避けたかった。だからぎりぎりの状況でしたが、大変な思いをしながらスタートラインを切ったのです。

昨年の選挙でも日本未来の党など新党が生まれましたが、その過程は本当に大変だったろうと思います。様々な思惑が交錯し、作用と反作用が生まれるのが新党結成というものです。なにより最初は所帯が小さいですから、つぶされてしまうのではという恐怖感がある。後ろを振り向けば誰も付いてきていないんじゃないかという不安とたたかいながら、それでも前に進んでいく。新党を作るというのは、こういったことなのだと思います。

政治改革の成果としての民主党

これまでの流れを振り返って明らかなように、九六年民主党は、突然一人のカリスマが現れて誕生した政党ではありません。

その淵源を探れば、リクルート事件の解決のために財界と連合がともに応援団となって出発した民間政治臨調が、のちの民主党の誕生の土壌だったといってもよいと思います。住友金属の亀井正夫さんや連合の得本輝人さん、東大の佐々木毅先生、そんな大先輩方のもとで、丹念な議論が行われていました。

その一つの成果が民主党だったわけで、歴史的必然が積み重なってこの政党が生まれたことをおわかりいただけたと思います。

第5章 原点回帰——結党の理念に立ち返る

1 九六年民主党の理念は今日でも有効か

これまでも繰り返し述べてきたように、九六年民主党の基本理念こそ、民主党の原点です。そしてそれは私自身の理念でもあります。

私が原点回帰を説くのは、結党時に掲げた理念が、二〇一三年の今日においてもきわめて重要なこの国の根本的な政治課題として、今もって変わらない普遍性・通用性を持っていると考えているからです。

一九九六年、私は民主党結成にあたり、個人的政治課題である「市民」「直接民主制」「情報」の三つのテーマをベースにしながら、参加者の皆さんとの数日に及ぶブレーンストーミングに臨みました。

そして政策委員長として、さきがけや社会党をそれぞれ離党してきた皆さんの意見を集約させていただきました。その際の私自身の三つの関心事項は以下の通りです。

(1) 市民中心社会の構築

・現在の日本の閉塞状況は、市民中心の社会構造変革をしなければ解決できない。官僚セクター・企業セクターに拮抗する市民セクターを拡大し、各セクター間のバランスを「市民中心」に変えることによって、政治もさらに経済も新たな発展が初めて可能になると考える。

さきがけの「民権政治」の観念は、先見的なものであった。しかし、その発想が「政治」「行革」ということに限定され、市民セクター拡大の社会構造変革のプログラムをしっかりと位置づけられていなかったのが不満であった。

・行革はもちろん重要である。当然民主党の最大の重点政策課題であり、大蔵省（当時）改革を中心に具体論を展開する必要がある。ただ、行革が自己目的化してはならないと考える。「行革」の上位概念になにを置くかこそ重要である。そうしないと、行革が単なる役人いじめに堕落する危険が出てくる。

・私は行革の上位概念に、市民中心の社会を創造するといった社会構造改革を置くべきであると考える。「民権」という明治の語感のする考えを、市民中心の社会構造変革と、明瞭に言い換えるべきであると考える。また「民権＝行政改革」という単眼思考から「民権＝行革＋市民セクター拡大」という複眼思考（＝指向）へ変えるべきである。

・そしてこの「市民セクター拡大」を実現するための主な政策手段は以下の二つに集約できる。

①理想的なＮＰＯ法案の制定

②市民セクターの基礎的インフラとしての情報ネットワーク支援策

(2) 直接民主制への時代の要請に応えた政治の変革

・世界的な情報革命、そして市民にわき起こる直接民主制への高い指向に対応した政治の実現をめざすべきである。

・現在でも政治の基本的な姿は、コミュニケーションの手段が未発達な一八世紀型の間接民主制が基本である。市民の高い参加意識、及びそれに応えうる道具（高度情報通信ネットワーク）の驚異的な発達がありながら、制度が進化していない。

・このことが「情報飢餓」感や、新しい政治不信を増大している。この問題に正面から取り組む政党がまだない。民主党の目的をここに置くべきである。

・直接民主制へのアプローチのポイントは三つある。

①首相公選制

②国民投票制の採用

③政党の機能の変革

民主党は、この検討を真剣に始めるとともに、これに対応する具体的な国家システムや、政治制度、政党組織等についての構想を明確にすべきである。

（3）情報革命による地球市民の誕生をめざしたい

・地球市民の観念は、いままでは単なる「空想」でしかなかった。しかし、情報革命の進展次第では、けっして絵空事ではない「現実」の話となってくることを明らかに自覚すべきである。

・このような情報革命の世界的な進展を視座におきつつ、国家概念の変革、国境を限りなく低くするためのグローバルな情報政策を、わが国が世界に提案すべきである。これは情報政策であると同時に、外交政策でもある。顔の見えないと言われるわが国の外交を、情報革命に対応したグローバルな情報政策を樹立することで特化すべきである。

・そして、情報による「地球の完全平和」、情報の力による「完全な核の廃絶」をめざすべきであると、世界に宣言し、これを目的にした外交上の政策提案をなすべきである。
・そのために、わが国の情報政策＝外交政策の基本を「情報先進国の情報覇権主義にブレーキをかけ、また情報後進国が情報孤立主義に陥らないようバックアップする」ことに置くべきである。
・いままでの情報政策は、単に「情報産業」のためのものでしかなかった。情報ユーザー側にたった情報政策の確立、情報を使う市民の立場に立った情報政策を樹立しなければならない。民主党は、情報革命の本質的な意味を理解し、真の情報政策を語れる唯一の政党として出発すべきである。

こういった考え方で参加者の意見を調整しとりまとめたわけですが、一七年経った今、多少の変化はありましたが、大筋ではここに示された時代背景、取り組むべき課題、ともに変わっていないように思います。
（1）はNPO、NGO団体の数は飛躍的に増加しましたが、まだまだ行政、企業セクターの意向によりあらゆる意思決定が行われている状況です。
（2）は、インターネットの発達と国民一人ひとりのリテラシーの向上は予想以上のものがありましたが、現内閣でネットを使った選挙運動解禁という政治家目線の施策が検討されているくらいで、情報化に応じた国民の要請に応えるような、意思決定をともなう政治への直接参加は実現していません。

（3）についても、わが国の外交政策がグローバルな情報政策に基づく戦略的なものであるとは到底言えず、アメリカ一辺倒の状況が続いています。

2　今も生きる民主党の原点

そして九六年に結成された民主党は、新党の目指す社会像を最初からしっかりと提示していました。それが「自立と共生の市民中心社会」を作る、ということでした。

さらに、九六年結党時の民主党のキャッチコピーは、この理念をわかりやすく「市民が主役の民主党」としてアピールしました。

民主党という党名も、「市民」の「民」と「主役」の「主」をとって「民主党」としたわけです。

さらに、これを中心にして六項目の基本理念を明らかにしました。当時公表された文書をそのまま再掲します。

1　政官業癒着の利権政治と決別して、自立した市民の政治的ネットワークをつくりあげ、未来への責任をまっとうする。
2　明治以来の官僚主導の国家中心型社会を根本的に転換し、友愛の精神を基本として、個の自立と他との共生の原理に立つ市民中心型社会を築く。
3　二〇一〇年にあるべき世界と日本の姿を大胆に想定し、そのビジョンに向かって時限を定めて着実に現状を変革する。
4　日本国憲法の平和理念を尊重し、時代の要請に応じた見直しの努力も傾け、その積極的展開をはかる。
5　確かな歴史認識を基本に、冷戦後の世界とアジアに向かってはっきりとしたメッセージを発して、誰からも信頼される国にする。
6　経済成長至上主義を脱して、自然との共生と世界との調和を重視した活力ある安定的で持続可能な成長を実現し、ゆとりある都市・生活空間を創造する。

この基本理念をもとに、一三本の基本政策を決定しました。これもそのまま再掲します。

(0) 信頼と協力のネットワークを拡げる——新党の歴史認識

明治憲法体制確立以来の「追い付き追い越せ」の一〇〇年間は、同時に「脱亜」の一世紀であり、日本の経済成長や繁栄はアジアの人々との共生を欠いた一国中心主義的なものであった。

それはまた、国内にあっては、開発中心の官主導社会を生み出してきた。官主導の国家中心型社会は、依存と責任意識を欠いた政治を生み、現在に至っても無責任政治をもたらしている。戦後の半世紀を迎えたいま、改めてその無責任体制を変革する課題が残されている。私たちは、この課題に挑戦することを第一の使命として新しい政治集団の創設に臨みたい。そして、日本社会は何よりも、アジアの人々に対する植民地支配と侵略戦争に対する明瞭な責任を果たさずに今日を迎えている。

二一世紀に向け、アジアと世界の人々との信頼を取り戻すため、アジアの国々の多様な歴史を認識することを基本に、過去の戦争によって引き起こされた元従軍慰安婦などの問題に対する深い反省と謝罪を明確にする。そうした過ちを再び繰り返さないための平和アピールを全世界に向かって発信する。

このなかで私たちは、一定の歴史観を押しつけることなく、歴史的事実をめぐるアジアの人々との認識のズレを克服し、過去の問題にはっきりと決着をつける必要がある。そして、過去の重荷がアジアをめぐる現実の諸問題に対する認識や対応に曇りを生じるようなことは、厳に戒めなければならない。

二一世紀を迎えようとしている今日、アジア地域はそのめまぐるしい経済発展とともに、多様な民主主義を実現している。同時に、市民のエネルギーが国境を超えて相互に結びつき、環境問題や女性政策、人権政策などについての共通の取り組みが生まれている。

私たちは、過去への反省を基本としつつも、未来に向う新しい絆に着目し、二一世紀に向けて信頼と協力のネットワークをアジアから世界へと拡げていきたいと考える。

(1) 国連改革と地域的安全保障体制の確立

日米関係を基軸としつつ、自立した外交政策を確立し、歴史的に深いつながりのあるアジア諸国と強い信頼関係、友好関係を構築することを外交・安全保障の基本とする。

アジアにおいては、多角的地域安全保障体制の構築をめざす。このため、アセアン地域フォーラム(ARF)を積極的に充実・発展させ、いわゆる極東有事を発生させない国際環境づくりにつとめる。

沖縄に過度に集中している米軍の施設・区域の整理、縮小に精力的に取り組む。在日米軍基地の存在を永遠不変のものとかんがえるのではなく、国際情勢の変化に伴い、「常時駐留なき安保」をも選択肢の一つとした平和の配当を追求していく。

その際、米軍の機能低下をカバーするため、日本国憲法の範囲内で、行いうる新たな役割を検討する。国連を中心とする普遍的安全保障体制の確立を促すため、国連改革に率先して取り組む。

とりわけ、安保理の民主化とＮＧＯとの連携を通じた「社会経済保障理事会」の設置をめざす。

また、軍縮、環境、人権、福祉、高度医療など非軍事面での、地球規模の国際貢献を積極的に推進する。ＯＤＡについては量から質への転換をはかる。

(2) しなやかな市民中心型社会への転換

政官業癒着の社会経済構造の中で、日本社会が深い閉塞感に覆われている。複雑な規制が市民社会や市場の活力を奪い、物質的豊富さの中で「幸せ感」が喪失するという事態に私たちは強い戸惑いを感じている。

人々が社会参画する多様な機会を拡大し、その生き生きとした人生を達成できる市民主導の新たな社会の姿を構想していく必要がある。

官僚主導の政治行政システムを変革し、行政セクター、企業セクターおよび市民セクターのバランスがとれた選択の自由度が高い「しなやかな市民社会」の構築を進めていくことが二一世紀に責任を持つ私たちの課題である。

このため、新党の最重要課題の一つとして市民活動の活性化を促し、市民事業の自由を認め、これを保障するNPO（非営利活動法人）法の確立に取り組む。

NPO法は、市民の自発性、自主性、独立性、多様性が最大限尊重される準則主義に徹し、寄附金税制などの支援制度については別途の政策立法でこれを確保するものとする。

また、多様なNPO活動を活性化して、しなやかな市民社会の形成に貢献するため、生産者と消費者・生活者の立場に立った協同組合のあり方を積極的に検討し必要な改革を求めるとともに、公益法人制度の抜本的な見直しを行う。

市民自らの行動による民際外交の展開や草の根ODA活動などのNPO活動を支援し「国境を超える市民」と共に世界に貢献する地球市民政治を推進する。

定住外国人の参政権の確立につとめる。

市民参加の地域づくりや都市計画の作成など、市民政治の実現のためには情報の公開が不可欠である。市民の「知る権利」に基礎をおいた情報公開法の早期実現に取り組むと同時に、住民投票制度の充実やオンブズマン機能、国民投票制度を検討する。

(3) 自立・共生と責任の福祉社会の確立

本格的な高齢社会への移行と普遍的な福祉システムの確立に向け、現行社会保障制度の構造改革に取り組む。

基本的に、自立と共生の精神に則り、市民の協同による福祉活動の活性化を支援する。生活者としての尊厳を保障するナショナル・ミニマムについては、公的な負担による「責任ある社会保障体制」を確立する。

このため国民一人一人に適正な負担を求めると同時に、ナショナル・ミニマムに相当する分野について公的負担と公的保障の確保をめざす。

現在課題となっている公的介護制度については、家族や個人の犠牲に依存するシステムから社会的介護システムへの転換を促し、高齢者の自立と生活支援を基本に、その確立に取り組む。

人間の自立と尊厳を支える健康づくりや予防医療の充実を促進する。障害者の自立生活などのための環境整備としてバリアフリーの都市づくりを重点的に推進する。

安心して子供を産み育てる環境を整備すべく、女性と男性の自立、子育ての支援を可能とする住宅、地域生活、教育、保育などの一体的整備を総合政策として推進する。

男女共同参画社会の構築をめざして、税制と各種手当制度、民法などの見直しを行う。

医療、年金の給付水準を維持するため、各種保険の一元化、不正受給の排除、資金運用の検討・改善などに取り組む。

いわゆる国民負担率問題については、公的負担と私的負担のバランスを考慮し、単なる財政削減策や財源確保対策としての安易な目標設定は行わないものとする。

(4) 地域主権の確立と行財政の改革

集権型の政治行政システムを地域主権を基本とする制度に変革する。

いま求められる分権改革は、官官分権ではなく、地域の自己決定と市民自治のための分権でなくてはならない。

市民参加が可能な直接民主主義が生きる地方分権に全力を傾ける。自治体に自主条例制定権を保障するとともに、税財源の分権化を進めて自主財源の大幅な拡大に取り組む。

二〇一〇年には、現行の地域生活圏単位を基本に、市町村連合や合併による行政単位の拡大をすすめ、教育、福祉、雇用、都市計画などについては一義的に自治体の責務となるシステムへと変換する。

国の段階においては、分権改革を前提に、従来の縦割り行政の弊害を打破し、国民の立場に立った機能的行政組織の確立を促す。具体的に、内閣の調整機能を強化し、予算、歳入、行政管理、危機管理などの国家戦略課題にかかる機能については、これを内閣直属の別組織として設置する。

中央省庁は、外務、防衛、法務・安全、国土・環境、生活基盤、産業・貿易、福祉・雇用、教育・科学技術・文化・スポーツの八つの分野区分をベースに再編する。

セクショナリズムの弊害を除去するため、公務員人事制度の抜本的改革や民間登用を導入するとともに、定員の削減に取り組む。

公共事業については、その量的削減と質的転換を進める。公共事業のための第三者機関の設立と入札制度の競争性を高める。官業は民業の補完に徹すべしという基本的考え方に立ち、現在、行政が行っているもので民間が行えるものについては、原則民営化する。

特別会計や財政投融資制度のあり方について抜本的に見直す。情報公開制度、国民監査制度や行政不服審査制度の充実をはかり、透明度が高い市民中心型の行財政制度へ転換する。

(5) 二一世紀に応える公正な税制への改革

税制は、政府から押しつけられたり与えられたりするものではなく、本来市民自らが選びとるものであり、市民中心社会を築く基盤となるものである。

その基本原則は「公平・簡素・中立」であるべきだが、現行税体系は過去の個別利害調整等によって複雑化し、著しい歪みを生じている。

これを基本原則に沿った制度へと改めていくことが税制改革の課題であり、自由で活力ある日本経済をつくる手だてである。

高齢社会における勤労者負担の軽減と税の公平性・経済的中立性の観点から、税の使途と税体系の適正化を図りつつ、直接税と間接税の比率を適正なものとする方向で是正をはかる。

ストック化経済のもとでの課税の公平性確保の観点から、資産課税を中心として納税者番号制度の早期の導入をはかる。

キャピタルゲイン課税は、土地、株式、利子の間の課税の統一化を追求する。

消費税は、益税をなくし税への信頼性を高めるためにも、インボイス付きの付加価値税への改善をはかり、逆進性対策として低所得層に対する基礎的生活品にかかわる消費税分の還付、住宅などへの軽減税率適用などの導入を検討する。

法人課税は、国際的な潮流をふまえ、また応能応益性等に着目しながら、課税ベースを拡大しつつ法人税率の引き下げをはかる。

所得課税は、中堅所得層の重税感の解消に努めるとともに、所得税と住民税をあわせた最高税率を五〇％程度に引き下げることをめざす。

地方税は、地方分権の推進と地域主権の確立を展望し、国税との間における税目の整理・

移譲、応益課税、資産課税の適正化などをすすめ、安定した地方固有税額の確保をはかる。

高齢社会における公平性確保の重要性がきわめて高いことをふまえ、税・保険料の滞納・不払い等を極力防ぎ、徴税体制の効率化をはかるために、国税・地方税・保険料の徴収機関の一元化の検討をすすめる。

⑹ 共生型市場経済の確立

これまでの日本経済の基本構造は制度疲労を起こしている。バブルの崩壊、円高、世界市場の大競争などの経済環境の変化への日本の対応の躓きは、もはや日本がこれまでの経済構造の延長線上に二一世紀を展望することができないことを明瞭に物語っている。

市場制度の自己規律を基本に据えつつも、経済成長至上主義を克服し、生活の質や環境、地球社会との調和、社会の自立的発展力の向上などを考慮した新しい経済社会のあり方を求める必要がある。

すなわち「共生型市場経済」の確立をめざす。

政治や行政は、これまでの供給者保護から消費者・生活者重視へとその政策基調を転換し、公正で透明度の高い市場制度の確立を目指していかなければならない。

市場のメリットが十分に発揮できるよう、無駄と非効率をもたらす規制の撤廃を行い、自己責任原則の確立を基本に、創造的企業活動の自由を保障していく必要がある。

現在GDPの四〇%を占めるとされる経済的規制を整理し、二一世紀初年にはこれを半分の二〇%以下に縮減する。

公正な市場ルールを確立するため、独占禁止法やPL法などの厳格な適用に取り組む。特に金融市場の透明化と金融制度の大胆な再編に取り組む。

企業会計のディスクロージャーと監査制度の充実を進めて、国際会計基準に対応する開かれた企業活動のあり方を実現する。

円高や国内保護制度による高コスト経済のもとで、産業の空洞化と失業の増大が懸念されている。この現状を克服するためにも、規制撤廃と創造型企業の育成が重要であり、ベンチャー企業や世界的先端型中小企業の支援、情報関連産業の戦略的育成、福祉サービス分野など多様な市民事業やボランティア・エコノミーの充実に取り組み、二一世紀の新しい産業社会の形成に取り組む。

エネルギーの安定供給の確保をはかるため、基本的には非化石エネルギーを指向しつつ、環境調和型で多様なエネルギーの組み合わせ（ベストミックス）を基調とする新エネルギー政策を確立する。

電力については、原子力発電を過渡的エネルギーとして位置づけるとともに、各発電設備の技術的安定性、安全性、環境適合性、経済性などを総合的に評価し、その安定供給につとめる。

（7）創造的情報市民社会の構築

世界と日本はいま、「情報革命」という名の第三の波に覆われている。それは単に産業活動へのインパクトにとどまらず、生活、文化、学術や芸術、マスメディア、そして人々の感性の変容にも大きな影響を及ぼしている。

そして、情報社会における変化のスピードに戸惑いを覚える一方で、その新しい社会技術の革新を地球市民の活動に生かそうとする新たな試みが生まれている。

情報社会の到来は、市民中心型社会を創り出す新しい社会基盤が形成されつつあることを示している。

情報は、多様な市民活動を相互に結びつけると同時に、障害者の限られた生活空間を飛躍的に拡大したり、日本に暮らす一人一人の市民が地球市民として国境を超えた交流を展開することを可能にする。

以上の視点に立ち、新党は何よりも、情報基盤の戦略整備に挑戦する。

まず、二〇一〇年までに全ての家庭に情報ネットワークの端末が設定されることをめざし、規制緩和や競争の促進などを通じた設備投資や通信費用の徹底した低廉化、全ての人々が自由に利用できるオープン・アクセスのための公共的支援策を展開する。

現在一〇％程度の光ファイバーの人口カバレッジを二〇一〇年までに一〇〇％にし、市民や未来を担う子供達が情報に親しみ、情報によって世界の人々と直接交信できるよう、全ての教室・図書館、公民館・コミュニティセンター、全ての病院・診療所などを接続する日本版NII構想を推進する。

(8) 環境創造型社会の形成

地球環境の保全と地域における豊かな環境基盤の確立を最重要課題として取り組む。長期的戦略と市民生活に根ざした環境政策の確立は二一世紀への責任の最も基本となるものである。

環境基本法の精神に基づいた「環境アセスメント法」を早期に制定し、世界に対して環境立国としての立場を明示する。

同時に、大規模プロジェクトについて環境の視点からその見直しを行い、環境立国にふさわしい開発計画のあり方を追求する。

以上の基本姿勢を受けて、何よりもまず、食糧の安定供給と安全の確保、自然環境と農林業など一次産業地域の生活基盤を守ることを基本に、山林の優先的保護・育成策を飛躍的に強化する。

このため、都市住民を含めた全ての市民が享受する酸素供給・水資源涵養、休養・浴林などの公共的利益を勘案し、薄く広い「森林環境税」を創設する。

平地、里山の雑木林についても、環境としての社会的価値を認め、保全のための規制を前提に、税制優遇制度の確立を行う。

世界の緑の保護に貢献するため、熱帯林、針葉樹林などの保護・開発規制基準の制定・条約化を提唱する。

ODAや各種の経済協力の中に地球環境維持のための植林を明確に位置づける。

フロンや地球環境温暖化物質排出規制の先頭に立ち、国際基準の上乗せ達成を実現すると同時に、水準の高い公害防止技術の移転に最大限の努力をする。

デポジット制度の本格導入や廃棄物を資源利用するリバーシブル工場（再利用を当初から考えて製品を作る工場）の創業を促すとともに、省エネルギー政策を推進しリサイクル社会の確立をめざす。

(9) 新時代のための教育改革の実現

平和で安全な地球の確立と、誰もが人間として尊重され、一人一人の尊厳が大切にされる社会を構築するうえで、教育の果たす役割には大きなものがある。

教育の地方分権を推進して地域に教育の自主性と権限をもたらし、教育の自由化と、子供たちの多様な能力が生きる人間教育の実現に取り組む。

そのためには、現在の学校制度や、教育する側の立場に立ったこれまでの教育思想と制度を基礎から見直し、未来を担う子どもたちの立場に立った教育行政に転換することを教育改革の前提とする。

従来の偏差値とは無縁の新しい総合的な学力観を確立する。

学習指導要領のあり方を根本から見直し、小中学校教育については自治体が責任を持って運営し、地域の特長を活かした個性的で魅力ある自由な教育が実現できる仕組みへ変革するとともに、二〇人学級の実現を目指す。

現行の6・3・3制を見直し、学制改革に着手する。

偏差値偏重型の教育指導のあり方に終止符を打ち、一人一人の子どもの多様な個性を尊重する教育に改める。

大学入試では受験生の二重負担となっているセンター試験を廃止する。

生徒・学生のボランティアなどNPO活動への参加を促進する制度の充実や、日本文化や伝統に対する学習の機会の拡大をめざす。

障害を持つ子と持たない子が共に学ぶ統合教育への道を追求する。

多様な人生選択の機会を保障するリカレント教育など生涯教育の拡充に取り組む。

学術・科学研究及び芸術・文化などへの重点的取組をすすめる。

(10) 人権保障イニシアティブの発揮

基本的人権を尊重する憲法の精神に沿って、性別、年齢、職業などによる差別はもちろんのこと、障害者、被差別部落の人々、先住民、定住外国人など少数者に対する差別と偏見を除去し、すべての人々がかけがえのない社会の構成員であることを認めあい、参加と自立の機会を保証し支援するような、しなやかな社会をめざす。

日本の人権認識に対する国連はじめ国際社会の批判を重視し、その改善のため人権基本法の制定を含めて総合的な「人権保障プログラム」を策定・実行する。

阪神大震災被災者のおかれた人権状況を深刻に受けとめ、きめ細かい救済措置を実施する。

定住外国人には、できるだけ早期に地方参政権を付与し、さらに一定の条件の下で国政参加権についても実現するよう検討する。また、在外日本人の投票権を保証する。

このような国内的な人権保障努力を前提として、世界の民主主義を拡大するために積極的に行動する。

抑圧された少数民族、民主化指導者などの状況改善に向け迅速な人権擁護の意思表明を行い、国際世論喚起のための積極的な行動を展開する。

また、民族紛争などで起きる戦争犯罪や重大な人権侵害を裁く常設の機関としての「国際刑事裁判所」の設立に向け、そのイニシアティブを発揮する。

(11) 男女共同参画型社会の創造

二一世紀は、女性と男性の自立が共にすすむ時代となる。

婚姻や家族の形態も多様化し、個の自立と共生が強く求められるより自由な社会になろう。それとともに、男女の固定した役割分担や差別、不平等の状態を解消する努力がすべての分野で求められることになる。

私たちは、その努力と連携し、「男女共同参画社会」の構築に取り組む。

このため、まず女性と男性の自立を支持し、個としてのエンパワーメントを促す。各省庁を横断した「女性問題連絡会議」を設け、女性差別、リプロダクツ・ヘルス・ライツ(性と生殖に関する健康と権利)などテーマごとにアクション・プログラムを作成し、多角的な法制度の整備をすすめる。

夫婦選択別姓制度の導入などの民法改正をすみやかに実現する。

緊急課題である男女雇用機会均等法、パートタイム労働法などの見直し・強化についても、連絡会議の場で広範な論議を行う。

男女平等政策を実現するためには、意思決定の場への女性の参画が不可欠であり、国家公務員はもちろん、公的審議会、委員会などにクオータ制を導入する。

国会議員に関しては、当面、女性議員の比率を三〇%にすることをめざす。

(12) 新しい政治の確立と展開

国家中心型社会から市民中心型社会への転換をすすめるためには、市民参加の機会を積極的に拡大する新しい政治の姿を確立することが重要である。

このため、首相公選制や国民投票制度の検討を行う。

また、新しい政治システムへの転換をすすめるため、現行の政官業の癒着構造を断ち切らなくてはならない。

行財政改革を断行し、既得権という名の厚い壁を突き破り、政官業の鉄のトライアングルを打ち崩す政治の強いリーダーシップの発揮が求められる。それには、志のある新しい政治集団と変革を求める市民政治の連携を基礎に、現行の政治システムの大胆な改革による立法機能と内閣機能の充実が不可欠である。

第一は、国会改革の実施である。そのためには政治家自らが姿勢を正すことが大切であると当時に、何よりも先ず議員定数の大幅な削減を断行する。議員の任期制についても検討する。

また、現行の二院制のあり方を検討し、衆参の役割を明確にすることが必要である。

この上に立って、国会における立法調査機能の拡充、議員立法の優先審議の制度化、委員会審議の充実、議会専属スタッフの充実などによる立法機能の整備に取り組む。

第二に、内閣補佐機能の拡充、官邸機能の整備、政治的任命職の拡大、予算編成権限の内閣への統合など政府機能の改革がある。

第三に、地方議会を地域主権の担い手にふさわしい権限と活動を行使できるよう、条例制定権の確立や議員立法のための制度的環境を整備支援する。

これらの政治改革に取り組むと同時に、市民の「知る権利」を明記し行政サイドの事情による不開示を認めない情報公開法の制定、開かれた公聴会制度の確立、市民のための行政不服審査制度の確立、各種開発計画における行政手続きの整備と市民参加の促進、政党活動・議員活動の公開と透明化などを推進する。

かなり長くなりましたが、今、これをお読みになっていかがでしょうか。

もちろん、一七年前に作られたものですので、部分的には現状と異なるものや更新が必要な項目もありますが、大部分は今もってこの国の重要課題を指し示し、その解決策を示唆する内容だと思います。

私が、民主党は原点に立ち返るべきだと繰り返し申し上げているのは、結党時の理念が今日においても輝きを失っておらず、二大政党の一翼を担う政党の政策としてふさわしいものであるからなのです。

第6章　二大政党制の意義――対立軸は何か

1　この国で二大政党制は機能するか

民主党もさきがけも、政権交代可能な政党を目指すという点は一致していましたが、決定的に異なるのは、さきがけが過渡期的な意味合いもあって多党制を志向していたのに対し、民主党は一歩進んで二大政党制を志向していた点です。

前章で述べた旧社会党のイデオロギー総括と同時に、政権交代可能な政党を持続させなければなりません。そのためにも、「働く市民」の最大公約数を代表する連合とパートナーシップを組む、このように意図しながら、連合のみなさんとしっかり連携できるような政策コンセプトを考えていきました。

九六年民主党の誕生によってはじめて、「中道右派」としての自民党と「中道左派」としての民主党、この二つの政党配列が漠然と出来上がった。だからこそ、のちにそれがはじめての本格的な二〇〇九年の政権交代につながった。私はそう考えています。

日本に「クリーヴィッジ」はあるのか

ただ議論として、日本で二大政党制は機能するのか？　という問いが立てられると思います。

これはCP研で勉強したことですが、「クリーヴィッジ」という理論があります。クリーヴィッジとは〝溝〟や〝谷間〟のことですが、政治学の領域では社会的な亀裂のことを意味します。二大政党制が機能するには、このクリーヴィッジが必要であるというわけです。

例えばイギリスの労働党と保守党は、産業革命期に形成された資本家と労働者という階級の溝、これを強く反映した出自をもっています。アメリカも同様で、民主党と共和党のオリジンは、独立戦争にまでさかのぼります。もちろん対立軸の次元は時代によって変遷してきましたが、二大政党制の前提として両国にクリーヴィッジが存在しているのは確かです。

翻って日本を考えてみた場合、果たして日本にクリーヴィッジは存在するのかという疑問が生じます。クリーヴィッジが何なのかはっきりしないこの国で、二大政党制は機能するのだろうか――私はよくこの疑問に行きあたります。

政治家という実践者の立場から

ただ、私は政治家です。政治家は実践の場で生きていかなければならないし、個々の課題について政治的判断をしていかなければならない。だから「果たしてこの国で二大政党制は機能するのだろうか」という疑問は抱きつつも、その結論は学者に任せるしかないのかもしれません。

ただ、クリーヴィッジが日本にあるかどうかはさておき、この国の資本主義経済が続く以上、使用者側と被用者側の対立構造は、今後とも長期間にわたって続くだろうと思っています。そしてこの国で二大政党を構想するとしたら、結局のところ、この使用者側と被用者側の二極がもっとも持続可能な、政権担当の主役となる二大政党の支持基盤だろうと思っています。

この国が政権交代可能な政治体制であるべきだ、というテーゼのもと、政権党を選択する際、政策の異なる二大政党が対立軸を打ち出し、国民が支持する政策によって政権を決める、そういったシステムが政治の閉塞状況を打開できるのだと信じています。

政権交代のメカニズムが働かなくなれば、真っ先に政治は腐敗します。そして国民の全体的な利益を顧みず、権力闘争に明け暮れるようになる。田中金脈問題、そしてリクルート問題など、枚挙にいとまがありません。

さらに、緊張感を失った政治は、平気で官僚たちに政策を丸投げするようになる。やがて膨大な情報を占有する優秀な官僚群が政治を実質的に支配するようになるのです。

しかし、官僚たちは結局、各省の利益を大幅に超えるようなあらたな重要な課題（戦争・原発・ＴＰＰなど）が生じたときに判断停止となる。この国の歴史に最大の惨禍をもたらしたことの原因は、政治の機能低下と官僚制度の問題点がみごとに合わさった結果だったと思っています。

このような過去の失敗例に対処する最良の処方箋は、政権交代のメカニズムがきちんと働く政治をしっかりと機能するようにすることしかないと私は考えています。

2　二大政党の対立軸

それでは政権交代可能な二大政党の一翼を占める民主党は、自民党に対しどのような対立軸を打ち出すべきでしょうか。

まずは新自由主義との距離感です。

自民党は派閥によってかなり立場の異なる政党ではありますが、新自由主義に親和的なスタンスであるのは確かです。それに対し民主党は、格差を是正し、福祉を充実させるというスタンスを明確に打ち出すべきです。

九六年民主党は、細川連立政権、その後の自社さ政権の経験と反省の中で、二一世紀の対立軸を、アメリカが全世界に広げようとする新自由主義への警戒感と距離感を持って結集した政党でした。支持基盤として、相対的に社会的基盤の弱い正規・非正規の労働者、中小企業者、個人経営者、農林水産業者などのいわゆる社会的弱者を想定する政党だったはずです。

民主党は自由と平等のぶつかり合いを、「自立と共生」の原理で乗り越えようとした政党です。「主」としての「民」は、一人ひとりが限りなく多様な個性を持った、かけがえのない存在であり、だからこそ自らの運命を自ら決定する権利を持ち（「個の自立」の原理）、同時に、互いの自立性と異質性を尊重しあった上で、なおかつ共感しあい一致点を求めて協働する（「他との共生」の原理）存在でなければならない、これが民主党の基本的な考え方です。

二つ目の対立軸として、外交・安全保障が挙げられます。

これはまず目指すべき国のかたちとして、大国主義に対する小国主義が民主党の打ち出すべき方向性だと思います。日本は資源のない国で、地政学的にもアジアの端、緊張関係が交錯するところに位置しています。仮想敵国を作って軍事を増強していくような方向ではなく、いかにアジアの中で友好な関係を築き、プレゼンスを高めていくかを考えるべきです。

これはアジアとの距離感というふうに言い換えることもできるでしょう。

三つ目は歴史認識です。過去の戦争をどうとらえ未来を志向していくのか、明確な立場を表明すべきでしょう。

これら三つの対立軸は、民主党結党時にも打ち出したものですし、今も、これからも有効なものだと思います。またこれは自民党と民主党にかぎらず、日本維新の会やみんなの党も自党のスタンスをもっと明確にして打ち出すべきことでしょう。

まずは政権交代可能な政治的状況を作り、その上で各党が政策体系を明らかにするうえで対立軸を打ち出していけば、日本の民主主義はもっと進んでいくのだと思います。

3　憲法改正

対立軸ということで言えば、現在の安倍内閣では憲法改正が現実的な議論として取り上げられていますが、憲法改正について私のスタンスを明らかにしておきます。

結論から言えば、まず憲法改正には三つの限界があると思います。それは言うまでもなく、①国民主権主義、②基本的人権の尊重、③平和主義の三つです。

ただ、一字一句いじってはならないとも思ってはいません。特に、憲法の統治の仕組みや間接民主主義を原則的に考えている点などは、大いに議論を深めて改正の対象にしてもよいのではと考えます。

その背景としていくつかのポイントが挙げられるのですが、まず私が思うのは、政治において直接民主主義革命は必然だということです。

情報革命が進んできて、今や小学生でもスマートフォンを使いこなす時代になっています。単に流通する情報量が増えてきただけでなく、その取り扱いや情報に対する感度が極めて高度化しているのが今の国民です。

それに対し、現在の政治モデルである一九世紀型の議会政治というのは、大変に古びてきていると言わざるを得ません。このギャップをどう埋めていくかというのは、実は大変に大きな問題になっていると思います。先に述べたクリーヴィッジ（社会の溝）という議論自体、一九世紀的な発想になりつつあるかもしれません。

統治機構、地方分権、一院制（参議院の廃止）など、憲法改正が必要な議題は多くありますが、まずは、情報革命によりあらゆる情報にアクセスできるようになった国民にしっかり対応できるような政治制度を作っていくことが大事だと思います。その観点で、憲法の見直しをしていく必要があるでしょう。

具体的にそれを感じたのは、3・11の原発事故を受け、今後のエネルギー政策をどうするべきかを話し合う際、民主党政権が国民の皆さんに向き合うスタンスが定まらなかったことです。

国会を取り巻くデモの参加者ときちんと対話できなかったというのは非常に民主党らしくないと思いましたし、逆に民主党らしすぎて党内で顰蹙を買うようなことになったり、なんとなくちぐはぐな対応に終始したような印象を受けました。

また、二〇一二年夏に民主党政権が全国で開催した、今後のエネルギー政策に関する意見公聴会では、二〇三〇年の電力に占める原発の割合を最初から〇%、一五%、二〇～二五%の三案に設定して意見を聞くというやり方でしたが、あれなども非常に民主党らしくない方法だったと思います。

ああいったプロセスは、すでに九六年民主党の段階で「国民投票制を検討せよ」と盛り込まれていたのです。あの段階ですでに首相公選制度の議論まで視野に入れていましたが、まさにそれらは、来るべき直接民主主義へのムーブメントにどう対応していくのかという姿勢の表れだったのです。

国民投票の必要性

第一次安倍政権の際、私は参議院にいましたが、あのとき国民投票法案が上程されました。

自民党は憲法改正に関する国民投票法案を出してきましたが、民主党が対案として出したのは、重要な国政問題に関する国民投票も含む、幅広の国民投票法案でした。

なぜこの法案を提出したかと言いますと、いま政党内部が分裂して決められない問題が多く存在しているからです。

TPPなどはその典型で、自民党でも民主党でも、党内にかならず反対意見をもつ議員がいます。原発問題などもそうで、民主党内でも様々な意見が渦巻いていて、「二〇三〇年原発ゼロ」とはなかなか決めきれなかったわけです。

このように、政党が意見集約できず決めきれない国政問題は、今後ますます増えていくことになるでしょう。実はこれ、二一世紀の全世界的な傾向といってもよい問題です。イノベーションの問題が従来型の問題解決を困難にする、生命倫理や領土主権など、多くの分野で政党や行政の解決能力を超えてしまうといった全世界的な傾向といってもよいのです。そうなった場合に、最終的に国民が判断する仕組みが必要になってきます。

議員が決めきれず最終的に国民投票を行うとはいえ、国政の場で十分な議論を行わなければなりません。国会ではアカデミズムの領域から専門家――3・11以降、専門家の権威も地に墜ちてしまいましたが――も招き、議論を重ねたうえでA、B、Cの三案くらいを用意します。もちろんこの過程は、国民の皆さんにしっかり見ていただきます。

用意した案については、専門家のみなさんによるわかりやすい解説を用意し、十分な検討期間を設けたうえで国民投票を行うというのが私たちのアイデアでした。

こうした法案を、第一次安倍内閣の時点で私たちは出していたにもかかわらず、そういった議論をすっとばして、先ほど申し上げた意見公聴会のようないい加減なやり方を採用してしまった。政権与党となって余裕がなくなったことの結果だとは思いますが、これは積み重ねを無視する「御破算主義」そのものです。

ということで、国民投票を行うために、議会が立法するという憲法を改正する必要がある。これはある意味議会政治の限界を認めることですが、止めようもない直接民主主義への流れに沿った憲法改正は必要だと思っています。

戦争総括なき九条改正は許されない

焦点の憲法九条については、改正論議の前提として十分な歴史の総括が必要だと思います。改正の議論と同時並行で戦争の総括を行い、それをアジアのみならずアメリカはじめ国際社会にもしっかり発信し、それが認められた上で、やっと九条の改正ができると思います。

第一次安倍政権がしきりに強調したスローガンは「美しい国」そして「戦後レジームからの脱却」でしたが、その本質は「日本を取り戻す」の今回と全く変わりありません。

当時私は、先に触れた国民投票法案の最後の締めくくりの委員会審議の時、「戦後レジーム」からの脱却とは具体的に何を意味するのか、そのことについて安倍さんと正面から渡り合いましたが、安倍さんから明快な答弁は一切得られませんでした。

自ら口にしたことの明快な説明もできない、さらには、憲法を論じる際に不可欠な歴史認識についての明瞭な説明が国民にできない。そんな総理に、憲法九条の改正を語る資格はまったくないと思います。

私は単純な護憲論者ではありません。首相公選論、重要な国政問題についての国民投票法以外にも、知的財産権プロセスの憲法上の明記をはじめとして、憲法改正の議論は積極的に進めるべきだという立場です。「護憲」よりも「論憲」です。

しかし、平和主義と憲法九条は、憲法改正の最後のテーマとすべきだと考えています。

さらに憲法九条の議論を進めるためには、大きな前提があると考えてきました。それは、多くの国民を犠牲にし、さらにアメリカ、中国、朝鮮など交戦国のすべてにさまざまな惨禍を与えた過去の戦争の総括です。

これなしで憲法九条の改正を行うことは、この国には許されないと私は考えています。

Ⅲ部——民主党の新生

第7章 民主党の課題

これまで、民主党が政権交代を成し遂げたにもかかわらず、国民の期待を裏切り三年三カ月で政権を失ったことの最大の原因として、綱領の不在と原点の喪失を指摘してきました。その上で、民主党結成の歴史的必然性を振り返り、その原点が今だ輝きを失っておらず、ここに立ち返ることが民主党再生の決め手であることを訴えてきました。

Ⅲ部では、今の民主党が取り組むべき課題と、私が思う目指すべきこの国のかたちを示したうえで、日本の民主主義の前進に向けて、私が政治家として取り組む政策を示したいと思います。

1 徹底的なブレーンストーミングを

いま民主党は、大きく議席を失い意気消沈しています。

しかし今こそ、全員参加でブレーンストーミングをし、自分たちが何者で何を目指すのか、忌憚のない意見の出し合いを行うべき時です。多少のつかみ合いになるくらいの活力があってもいいと思います。

本当に忌憚のない意見の出し合いというものを、私たちは先に述べた分裂恐怖症から避けてきました。もし本気でぶつかりあって、また分裂するようなことがあっても、それは仕方のないことだと思いますし、分裂を恐れて自分達のやるべきことを見失うことこそが、本当に避けるべきことだと思います。

民主党には色々な出身母体の方がいますし、出自もばらばらです。しかし、違うことは何も問題ではないし、一人ひとり見ていけば「○○の人だから合わない」という話にはならないはずです。

「根回し」の大切さ

それ自体は問題ありませんが、民主党が「寄せ集め」であることは事実です。問題は、寄せ集め集団が、時間をかけて徐々に融和していくための丹念な努力であり、その一番の方法のひとつが「根回し」、すなわち党内の徹底した意思疎通であると思います。

いわゆる根回しは、組織運営の基本的な知恵。私はそう考えます。「俺、聞いていないいよ」の一言で緊急な意思決定が突如として止まってしまう、じつはそれはよくあることです。

重要な案件になればなるほど、さまざまな要素と局面が入り混じり、簡単には結論が出せません。人前では公然と語るのがはばかられるような、様々な内部事情もあります。そして、それがキーポイントであることが、往々にしてあるものです。

そんな複雑な「分析」と「利害調整」、そして出した結論が導く「将来の予測」などを行いながら結論を出していく、これが政治的な意思決定です。

これは、実はなかなか短時間の平場での論議ではできません。これを丁寧にこなしていくのが、実は根回しという作業だと私は思っています。「根回し」という意思決定の仕方は、単純な党内民主主義と少しニュアンスが違います。各グループの存在を前提にした上での、垂直的・水平的かつ双方向の意思疎通といったコミュニケーションです。長年派閥政治をやってきた自民党は実はこれが得意な集団です。

もちろん民主党にも、意思決定ルールは明確なものがあります。しかし、九六年、九八年、二〇〇三年と寄せ集めの拡大を連続してきた民主党には、丁寧な根回しをする余裕がなく、形式主義的な手続論を優先させるきらいが当初よりありました。各派のリーダー的な人たちの腹をわった意見交換や意見調整をする暇もなく、突然の政策決定が行われる。また、リーダーになった以上はトップダウンは当たり前的な感覚が優先する、そんな大きな反省点があると思います。

党内の意思形成の手順も大切だと思います。しかし、もっと重要なのは、各グループのリーダー間の意思疎通を丁寧にやっていく、そのためには時間を惜しまない、そんな組織文化が重要です。

寄せ集め集団の欠陥を簡単に直すことはできませんが、これを乗り越えていくための努力を真摯に続けたいと思います。そのためにも、まず根回しの努力を挙げたいと思います。

市区町村議員へのアンケート

私はこの著作を書くに際して、民主党所属の市区町村議員の方々のご意見をぜひ聞きたいと考えました。市民の皆さんとの最前線で、最も苦労しながら活動しておられるのが、彼ら市区町村議員の方々だからです。そこで私の東京後援会の一員である本間峰一さん（経営コンサルタント）と日頃から懇意の武蔵野市議会議員・川名ゆうじ氏のお手を借り、数十人の民主党所属の市区町村議員の方々にアンケート調査を実施してみました。残念ながらそれほど多くの返信は得られませんでしたが、それでも各地から返事が寄せられました。

ここでは、寄せられた回答をほぼ代表し集約していると思われる（そして最も手厳しい）、板橋区議会議員の中妻じょうた氏の回答をご紹介します。

（Q1）なぜ民主党は凋落し惨敗を喫したのでしょうか？

↓一言で言えば「国民の信頼を失ったから」であると考えます。

ジャーナリストの上杉隆氏は、先の海江田代表の代表質問を聞いて「三年前なら響いた内容だった」と語りました。これは言葉を返せば、今やどんなすばらしいことを言ってももう信用できない、という極めて辛辣な批判に他なりません。

現在の自公政権は、良きにつけ悪しきにつけ、次に何をやりそうか、また何をやらなそうかについては、予想ができます。「信頼できる範囲」というものがあるわけです。民主党政権は、次に何をやり出すのか、まったく予測ができませんでした。

マニフェストなどなかったかの如くの振る舞いでは、信頼しろというのが無理というものです。代表や幹部が唐突に何かを言い出し、寝耳に水だった国会議員たちが反発し、不透明なプロセスで物事が決まり、決定事項として押し付けられる。このような政党では、国民に見放されるのは極めて当然のことです。

二〇一二年総選挙には、政策的争点はひとつも存在しませんでした。国民はただひたすらに「このような信頼できない政党にだけは任せられない」とだけ考えたのです。

「信用第一」という、民間企業ならばあまりにも当然のことを党代表・党幹部は誰も理解していなかったのかと、嘆息するばかりです。

（Q２）民主党再建はどうすれば可能とお考えですか？

↓「国民の信頼を取り戻す」ことをめざすことによってのみ可能となると考えます。

しかし、これは極めて困難な道程です。信頼を失った企業――例えば雪印、三菱自動車、パイオニアといった企業が再起できる（できた）かどうかと考えてみれば、それがいかに困難か、ご理解いただけるのではないかと思います。

最低限、以下のような点をクリアしなければならないと考えます。

①民主党政権がなぜ瓦解したのか、徹底的に総括し、公に発表する。

↓総括を疎かにする組織は、同じ過ちを繰り返します。

②民主党はどのような党かを再定義する。

↓綱領の策定は必須ですが、それを全党員で共有することが重要です。そのためには、単なる間に合わせの作文では話になりません。全党員が「熟議」に参加できるプロセスが必要です。

③民主的プロセスに拠る意思決定システムを構築する。

↓重要な意思決定に際して、全党的な意見集約をしながら誰もが納得して次の一歩を踏み出せるようなシステムが必要です。そのためには、ＩＣＴの活用を含めた「情報戦略」

が必須です。

④地道に地方組織の力を伸ばす。

↓自民党が得票数を減らしたにもかかわらず政権復帰できたのは、長年の地方組織の積み重ねがあったからです。

現在の民主党の地方力の弱さでは、たとえ安倍政権が信頼を失っても政権復帰は至難です。これこそ本当に地道に、雫を桶に溜めるように、地方議会において支持者を増やし、新人を発掘し、力を蓄えていかなければならないと考えます。

篠原孝議員は、そのブログで党名変更まで見据えたドラスティックな改革を提言しています。「民主党」というすばらしい党名を捨てるのは私にとっても痛恨の極みですが、このすばらしい党名を泥まみれにしてしまったことを考えれば、誠に遺憾ながら、看板の掛け替えも本気で考えなければならないかと思います。「雪印」が「メグミルク」として生き延びたように。

中妻さんの回答は以上です。

また、和歌山県議の浦口こうてん氏は、

「一言でいって、『拙い、幼い、頼りない、おまけに、まとまらない、決まらない』という民主党への国民の苛立ちが今回の結果を生んだと思います」

と総括されました。

さらに私は、私の後援会の皆さんにも同様に意見をお聞きしました。最も厳しい意見は元大成建設の軽部孝夫さんからのものでした。以下に抜粋して記します。

(Q1) なぜ民主党は凋落し惨敗を喫したのでしょうか?

(1)民主党は自民党と同じ体質の第二保守党になってしまい、しかも自民党よりもっと信頼できない、頼りにならない政党であることを、選挙民に見抜かれ大きな失望感を与えてしまった。

(2)国民に与えた民主党への激しい失望感の数々。

①消費税をはじめとした国内政策や外交安全政策等、主な政策マニフェストに対し真逆の対応ばかりをした。

②発言したことと、実施したことの多くが違ってしまい、無責任極まりない印象を与えた。例えば、沖縄普天間県外移設、ハッ場ダム中止発言と現状、尖閣における中国漁船船長の釈放、消費税に対する当初の約束と現実、財源の捻出についての甘い判断、企業献金についての扱い、鳩山元首相の政界引退発言と翻意、国会議員の定数削減不履行、その

他。

③政治生命を掛けるとした消費税率アップの判断は、野田首相のしっかりとした基本理念からの発想でなく、財務省に洗脳された付け焼刃的発想であるため、信念が伝わらず党内もまとめられず国民からも信任されなかった。

④増税と社会保障の一体改革も増税先行、社会保障後回しになってしまったため、国民に完全な失望感を与えるだけでなく、吐き気がするほど民主党アレルギーになってしまった。

⑤政権を取るための野合集団であることをことごとく鮮明に印象づけ、政策を実行するための与党的体質を全く持ち合わせていないことを暴露し続けた。（以下略）

（Q2）民主党再建はどうすれば可能とお考えですか？

①民主党の頼りない！ 信頼できない！ が根底にある不信感のレッテルは、このままでは絶対にぬぐえず、自民党が再び自滅した場合の批判票すら民主党には入れたくない！と全選挙民が捉えていることを自覚、認識しなければ何も始まらない。

②早急に発展的解党を行い、自民党と体質、政策の違いを鮮明にした対立軸を明確に打ちだせる、理念、信念、政策を大前提としたメンバー構成で新たな政党を立ち上げるべき

だ。

③自民党との主な対立軸としてあげるべき内容

・明確な外交基本政策を打ち立て、自衛隊の国防軍化と憲法改訂阻止を宣言する。

・具体的な新エネルギー政策の立ち上げと工程を明確にする。

・原発廃炉技術を国策ビジネスとして打ち出し、世界に向けて脱原発を明確に打ち出す。

（以下略）

最後に軽部さんは、こう言われています。

「信頼なくして発展も成功もない！　現状のままで民主党の信頼回復はありえない！　このまま参議院選挙に臨めば再び大敗間違いなし！　現在、選挙で勝利を目指しても無駄な労力を費やすだけだ！　忘れやすい日本人でも、今年の七月までは忘れまい！　〝急がば廻れ〟だ」

マニフェスト作成過程を見直す

大変厳しい回答でしたが、まさに民主党への信頼喪失から民主党への嫌悪へという国民の意思表示が、先の選挙結果であると思います。これからは中妻さんや軽部さんの言われるよ

うに、

①これまでの総括

②綱領策定（先日策定されましたが、これについては「あとがき」で触れます）

③民主的意思決定プロセス（多くの市区町村議員の方々はこの点を問題にされていました）

④地方組織の充実

⑤自民党との対立軸の明確化

が急務だろうと思います。

ここで私は③について付言したいと思います。それはマニフェスト作成にあたって、全党員が決定過程に参加し熟議をオープンに重ねながら決定する、党内民主主義の尊重ということです。

選挙時に作成される民主党の基本政策集ともいうべきマニフェストは、一部の党役職員によって集権的に作られるのではなく、可能な限り広範な民主党員（あるいはサポーターや一般市民をも含めて）の積極的な議論を通じて作成されるべきものであるはずです。

もちろんこれまでもマニフェストはボトムアップで作成された面もありますが、基本的には政調会長と少数の国会議員からなるチームが党執行部と協議しながら、非公開で起草してきました。有権者にアピールすると思われる政策、サプライズ効果を期待した政策を挙げていき、さらには他党にまねされないようにと、突如としてトップダウンで追加・変更することも往々にして見られたのも事実です。

中北浩爾『現代日本の政党デモクラシー』（岩波新書）によれば、民主党のマニフェストの作成過程は、その本家のイギリスと大きく異なっているといいます。本来民主党が模範にしたはずのイギリス労働党の作成過程は、以下のようなものであるとのことです。

①党の政策中心部局（「合同製作委員会」、閣僚や国会議員とともに地方支部の代表者も参加）が政策議題を設定する。

②各組織代表からなる「全国政策フォーラム」（同様に地方支部の代表者も参加）が審議する。

③主要政策ごとに設置された「政策委員会」が、党内外の組織・団体から幅広く意見を聴取し、政策文書を起草する。

④この政策文書は各組織や支部にも回され、一般党員からも意見具申を受ける。

⑤その後、この政策文書が全国執行委員会、続いて党大会の討議に付される。

英国の労働党では、このプロセスがオープンに公開されるとともに、二年間にわたり二度繰り返されることで、マニフェストが最終的に決定されるということです。日本の民主党と英国の労働党の作成過程の違いは明らかです。

こうした過程を通じて党内民主主義が確保され、政党としての政策的・組織的な一体性も確保されていくのです。これからの民主党は、マニフェストを単なるイメージ選挙の手段として活用するのではなく、党内民主主義の確立と確固たる党政策の形成・党組織の一体性確保の手段としても活用していくべきでしょう。そのことが実は、マニフェストの重要な機能でもあるのです（もちろんマニフェストの内容を軽視するわけではありませんが）。

そうすれば先に中妻さんがいみじくもおっしゃった「マニフェストなどなかったかの如くの振る舞いでは、信頼しろというのが無理」という事態など生まれるはずもないことです。

2　「第三極」との連携はあり得るのか

二〇一二年の総選挙で焦点となった「第三極」ですが、所帯の小さくなった民主党が、この第三極と連携するべきではないかという声も党内にあります。

私としては、自民党に勝たんがための安易な連携というのは避けるべきだろうと思います。まず、私が各政党が対立軸として打ち出すべきと思う新自由主義との距離感が、日本維新の会にしてもみんなの党にしても、いまひとつはっきりしません。その重要な部分で合意できない政党と組むというのは、原理的にあり得ないと思います。

理念や政策で一致しない人たちと選挙戦略ありきで組むというのは、民主党が原点を喪失していく過程で政権交代という手段を目的と取り違え、結局政権与党として国民の皆さんの期待に応えられなかったことと、同じ轍を踏むことになると思います。

第三局との連携を模索しなければならないほど民主党が小さくなってしまったというのはわかりますが、今は自分たちでしっかりと厳しい総括をしていくべき時期なのです。

3　私にとって政治とは何か

民主党にこだわり続ける私に対し、周囲の皆さんの中には、「国民は今や民主党を嫌悪すらしている。このことの意味をお前は理解していない」とおっしゃる方もいらっしゃいました。

その晩、なかなか眠れずにこの言葉を反芻しながら、「お前にとって政治とは何なのか」と自分に問いかけ続けました。

もちろん、結論は簡単に得られませんでした。これからも、煩悶と自らへの反問は続くでしょう。しかし、おぼろげながら私が常にこだわり続けてきたのは、この国の政治体質、あるいは政治風土であったはずだと、思えてきました。

明治になって導入された議会制度ですが、その導入の当初から骨抜きにされていきました。このことでも明らかなように、本当の意味の国民主権はまだこの国に定着していません。この国の民主主義に魂を入れたい。それがどうも私の最大のこだわりのようです。

確かに、最初の本格的な政権交代は、あまりうまくいきませんでした。

それどころか、マスコミにしても有識者にしても、多くのみなさんから、「失敗」の烙印をすでに押されています。しかし、ついでに民主党の政党としての存在まで消去してしまえ、というのは、絶対に行きすぎだと思います。

されど民主党

国民代表による議会の必要性を認める限り、もっとも大切なのは、政権担当できる政党をどのように育てていくかということでしょう。「ちょっと政権を預けたうえで、失敗したらすぐつぶす」、そんな気がまえでは政党政治は絶対に前進しません。

政権交代という仕組み、これをしっかりと定着させる。それが絶対に必要です。そのために私は、民主党を捨てません。最初の政権交代で悪戦苦闘した貴重な経験。これを将来ともに生かしていく。それが必要です。

民主党を消滅させるわけにはいかないと思っています。なぜなら、民主党を失えば、再びこの国の政権交代のメカニズムは、たちどころに雲散霧消してしまうからです。ちょっとやらせて失敗し、また「ご破算」にして元どおり。そんな、ソロバンの「ご破算で願いましては」を何度続けても、この国の民主主義のレベルは上がりません。作ったばかりの政党をたちまち「既成政党」呼ばわりし、うたかたの新党ブームに走るようでは、いつまでたっても民主主義の力は強くなりません。

次の総選挙にしても、参議院選挙にしても、きわめて厳しい選挙結果が待っているでしょう。しかし、かといって、自らの延命のみを考えるような姿勢は、私には取れません。

民主党を全うする。それが私の真情です。

第8章　めざすべき国のかたち

1　技術信仰だけでは足りない——新しい産業政策を

今後この国が世界に伍してやっていくためには、ノーベル生理学・医学賞を受賞した山中伸弥教授のｉＰＳ細胞のような発明・発見あるいはイノベーションを起こすべく、技術創造力を高めていくことが何よりも重要だと思います。

これは教育からはじまり、産業政策、外交政策が一体となり、横断的に取り組んでいく必要があります。

ただ、日本の悪い癖として、「良い物を作れば売れる」という作り手本位の発想がありま す。せっかく優れた技術をもっていても、製品化初期の段階で獲得できた高い世界シェアがあっという間に消えてしまう。半導体でもＤＶＤプレーヤーでもテレビでも見られる、厳しくそして悲しい現実をどうするか。

作り手の論理が優越していることの表れとして、例えば電気製品のマニュアルが非常にわかりづらいことが挙げられます。こういったことを反省し考え直していかないと、せっかく優れた技術をもっていても、作ったそばから他国にシェアを奪われる事態は改善できません。

優れた技術を製品化し特許で守るだけでは不十分

資源の少ない日本がグローバル社会において存在感をもつには、やはり科学技術しかありません。これを活かしていくために、技術の使い方について、もっと反省し、分析していく必要があると思っています。同様に技術の守り方、知的財産戦略についても日本はまだまだという状況です。

私はかつて日本版「ヤング・レポート」（レーガン政権下の一九八五年に産業競争力委員会により提出された、米国の産業競争力に関する提言報告書。低下する米国の産業競争力改善のために「新しい技術の創造と実用化そして保護」などが提言された）を作るべく、民主党ＩＰ戦略「はばたけ知的冒険者たち」をまとめて発表しました。ＩＰとはインテレクチュアル・プロパティーのことであり、知的財産権を意味しています。

発表当時の私たちの認識は、八〇年代後半のアメリカ経済の反転攻勢の大きなきっかけはヤング・レポートであり、特許振興政策などのプロパテント政策が経済振興の大きな支柱となっていたとの認識でした。

したがって、これからのわが国の国家戦略としての知財政策を、憲法改正からはじめて、立法・行政・司法の三権を横断する大戦略として構築すべきだという考えかたに立っていました。

しかし、知財政策も重要な柱であることは間違いないと思いますが、いかに先端的な特許や基本技術をくみ上げても、それだけでは不十分であるということがどうもよくわかっていなかったのではないかと、いまや大いに反省しています。

良い科学技術を生み育てていけば、必然的に産業振興策につながってくる、こうしたある種盲目的な科学技術振興策のみでは、もはやオープンな国際分業時代では立ち行かなくなる。このことを、真剣に考えるべきだと思います。

知財を持たない途上国企業の製品コストの中で、ロイヤリティー（特許使用料）は五％以下といいます。これでは特許を保有しただけでは、日本企業の優位性を保つのは至難の業です。開発で主導し特許を取得しただけでは、市場でのシェアを確保するまでにはとても至らないのです。

技術に勝るわが国が、企業利益を確定する最後の段階で勝てない理由は何でしょうか。

私はその原因を、国際標準化がもたらした世界の新たな産業構造に、わが国の産業政策がきちんと対応できていないことだと思います。もちろんここでの産業政策は、経済界の企業戦略と政府の経済政策の双方を含みます。

グローバル経済の中で何が起きているか。それは、国際標準化がもたらすオープンな国際分業構造です。さらに、このグローバル経済を背後から支えているのが、高度に発達したコンピュータ経済です。コンピュータがもたらした最大の恩恵は何かといえば、複雑な産業技術もあっという間にコピーできるということであり、それは即時の技術伝播をもたらします。

国際標準化とは、「世界全体をまきこんだオープンな分業構造」と「瞬時の技術伝播」であるということです。そしてこのような、大きな経済構造の変質に対応した政策立案が立ち遅れたことが、技術に勝りながら競争に勝てないわが国の現状につながっているということを、するどく認識しておく必要があると思います。

2　国家戦略としての文化政策

私は多くの趣味をもっていますが、その中でも特に音楽に心を惹かれてきました。今も足繁く音楽会やコンサートに通っていますし、聴くだけでなく、チェロやリコーダー、尺八などの楽器や合唱など、自らする音楽も深く愛しています。

そういった個人的な関心が出発にあるのは確かですが、政治家として私が文化政策を重要視しているのは、ボーダーレス時代にしなやかに、したたかに対応できる人づくりのために、かつ日本人としての自立性を忘れないためにも、文化政策が果たす役割が極めて大きいと思っているからです。

私の文化政策は、今まで見過ごされてきた①国家戦略としての文化政策と、②経済戦略の見地からの文化政策という二つの見地に立った、未来志向のものです。

劇場・音楽堂法

私が衆議院議員に初当選して真っ先に加入した議員連盟が「音楽議員連盟」でした。音議連は、超党派議連の老舗中の老舗と言ってもよい存在です。なにしろ初代の会長はすでに伝説の世界になってしまった前尾繁三郎先生。総理経験者か議長経験者がおおよそ会長になり、この国の文化政策全般を超党派の議員立法でカバーしてきたという歴史も実績もある議員連盟です。

著作権法の改正、音楽文化振興法、文化芸術振興基本法など、この国の重要な文化政策の基本法は、ほとんど音議連による議員立法です。なぜそうなったかといえば、一国の文化政策はできるだけ政党間の対立抗争のテーマにすべきではないという高い理想に基づいたものであり、この国の政治の歴史の中で誇るべき数少ない政治文化だと思っています。

二大政党制は、ある意味で激しい対立緊張を政治の世界にもたらします。しかし、そこに戦い終われば「ノーサイド」といった雰囲気を担保する共通項があることが望ましい。私は、そう願ってきました。そして、それにふさわしいテーマが「文化」であると確信しています。

そんな思いで、一貫して音議連の活動を続けてきました。

ついでに言えば、超党派の国会コーラス愛好会の事務局長として、ドタキャンが当然の国会議員やファミリーのみなさんのご参加をいただき、声楽家の岡村喬生先生やボニージャックスのみなさんの無償のご協力を得て、日比谷、九段と二回の自主公演を行い、さらにはテレビ東京が主催した合唱コンクールに出場して最優秀賞を受賞、三回の純益金あわせて三八〇万円余りを国連難民事務所やユニセフにチャリティーするなどの活動をしてきましたが、その究極の狙いは、対立構造の緩衝材としての共通項をつくりたいという思いでした。

現在も、音議連の事務局長を続けさせていただいていますが、この音議連が文化芸術推進フォーラムのみなさんと長年の連携を組みながら、政権交代の様々な緊張感をくぐり抜けて昨年奇跡的といってもよいタイミングで成立させたのが「劇場・音楽堂等の振興に関する法律」（いわゆる劇場・音楽堂法）です。

いままでは、劇場・音楽堂という言葉を日本の法律で見つけようとすると、出てくるのは消防法と建築基準法だけ。まさに文化を振興するというよりも、単なるハコモノ整備の一環として劇場・音楽堂を考えていただけでした。このようなハコモノ整備の考え方から脱却し、社会の公共財としての劇場・音楽堂を作ろう――それが劇場・音楽堂法の議員立法をめざす最大の目的です。

国づくりの基本に文化政策を位置づけ、その拠点として劇場・音楽堂を考える。それがこの法律の背骨です。その要旨を紹介します。

劇場、音楽堂等の活性化に関する法律のポイント

・劇場、音楽堂等は、国民の生活の「公共財」。地域の文化拠点として、活力ある社会を構築し、地域の発展を支え、国際社会の発展に寄与する「世界への窓」となる。
・劇場、音楽堂等で創られ、伝えられてきたさまざまな実演芸術を守り、育てていく責務の確認。
・施設整備中心のいままでの政策の転換。実演芸術に関する活動そのものや、人材の育成等への支援に重点を移す。
・東京をはじめとする大都市圏に集中しており、地方においては、多彩な実演芸術に触れる機会が相対的に少ない状況が固定化している現状も打破。

・実演芸術の担い手と、国、地方公共団体、教育機関等が相互に連携協力。
・劇場、音楽堂等の役割を明らかにし、将来にわたって、劇場、音楽堂等がその役割を果たすための施策を総合的に推進し、心豊かな国民生活及び活力ある地域社会の実現並びに国際社会の調和ある発展を期する。

この法律は、単に文化国家を志向するようなものではなく、ソフトパワーを活かした国家戦略として文化の振興を狙ったものです。

日本の魅力はクリエーターがつくる

文化芸術の源泉はクリエーターの創造力にあります。これまでも、そしてこれからも、日本の個性的な文化の創造は一人ひとりの優れたクリエーターにより花開いたものでした。この日本の個性的な文化こそが、日本の魅力を世界に発信し、日本が世界から注目され評価される最大の要因です。

しかしクリエーターたちの現状は、一部の人を除き、必ずしも恵まれたものではありません。そうした人々に敬意を抱き尊重する風土が必要であり、また著作権および著作隣接権などによるクリエーターの権利擁護といった制度的保障も重要です。

とりわけ現代の録音や通信などのデジタル技術の急速な発展により、クリエーターの創作物を自由に享受することを可能にしている一方で、私的録音録画の問題や、例えば映画の創作に直接携わる監督・実演者・スタッフには、映画の利用に対する著作権上の経済的権利（著作隣接権）が与えられていないといった新たな問題が浮上し、それらに対応した著作権等の再整備もまた必要になってきました。クリエーターが持てる能力を十分に発揮できるためにも、そうした制度的保障を十分なものにしていくことが大切です。

また著作権および著作隣接権の保護期間についても、近年、多くの国々で延長する傾向にあります。ヨーロッパ、南北アメリカ、最近ではロシア、オーストラリアなどの国々で、著作権の保護期間は「著作者の死後七〇年」になってきています。実演やレコードについても、EU諸国やアメリカ、韓国などが今後、レコード実演家及びレコード制作者の権利保護期間を、レコード発行後七〇年に延長する方向を打ち出しています。主要国のうち、五〇年にとどまっているのは日本だけといってもいい状況です。

国内外の著作者が安心して流通システムにコンテンツを提供したり、違法利用に対応するためには、交流のある諸外国との様々なルールの調和が欠かせません。音楽や映像のみならず、美術や書籍までもがネット上で流通する時代であり、ますます保護期間の調和の必要性は高まったといえます。著作権は「著作者の死後七〇年」に、実演及びレコードも七〇年に延長することが急務でしょう。

すべての自治体に文化振興条例の制定を

日本は多様な個性を持つ多くの地域から成り立っています。それらの地域には、地域ごとの多様な文化があります。その地域にしかない民俗芸能や文化財、独特な景観や歴史があります。それらを実演し表現する劇場・音楽堂・美術館・博物館などもあります。そうした活動の中からその地域の独自な新しい文化も育ってくるでしょう。

そうした文化は、その地域の人々に潤いと豊かな生活をもたらす重要な要素であり、まちづくりの中核となるべきものです。二〇〇一年に制定された文化芸術振興基本法には「地方公共団体は、基本理念にのっとり、文化芸術の振興に関し、国との連携を図りつつ、自主的かつ主体的に、その地域の特性に応じた施策を策定し、及び実施する責務を有する」と明記されています。文化政策こそ、その主体は地域であるべきだと思います。

しかし二〇一〇年の時点で、文化政策の基本条例（文化振興条例）をもつ都道府県は二四、市区町村はわずかに七六に留まります。地域の独自な文化の振興に、自治体が主体的・積極的に取り組むためには、まず文化政策実施の基礎となる条例の整備が重要です。地域の人々の豊かな生活はもちろん、次世代を担う子どもたちの教育、地域の魅力の発信や観光、地域活性化やまちづくりのためにも、地域文化の振興は不可欠です。
そのためにも日本の全自治体に速やかな文化振興条例制定を求めていきたいと思います。

文化省の設置を

文化芸術は、人々の生活を豊かにし、人々の豊かな創造性をはぐくみ、地域のエンパワーメントに資することで経済及び社会の発展に貢献するものです。同時に日本の魅力を世界に発信し、日本への評価と尊敬を高め、世界に貢献するものでもあります。また世界の中で多様な地域や多様な価値観への理解を促し、多様な人々との「共生」に資するものでもあります。

こうした文化芸術に関する政策は多方面に及びます。

①産業やサービス面での産業政策
②コンテンツの放送・通信面での放送・通信政策
③まちづくり面での地域政策・観光政策
④文化芸術の担い手の面からの労働政策
⑤文化芸術を活かした教育政策

⑥高齢者や障害者福祉に役立てる福祉政策
⑦海外への文化発進に関わる外交政策、等々

文化芸術政策とは、他省庁との連携無しには充実したものとはなりえません。そのためには文化省という独立した機関を設置し、総合的に対応しなければならないでしょう。しかも文化芸術政策は、これからの日本の持続的な発展にとって、何にもまして軸となる中心的・総合的な政治課題です。

今の日本の文化関係の予算は（少し古い資料ですが）、予算全体のわずか〇・一一％。一方、フランス〇・八六％、韓国〇・七九％、ドイツ〇・三九％、イギリス〇・二一％などと、日本は少し低すぎます。そこで予算全体の一％といかないまでも、まずは〇・五％を目指したいものです。

日本の中心的・総合的な課題を担うのが「文化省」といえます。文化省の設置は、まさに時代の要請だと、私は考えます。

3　したたかな外交戦略

これまでの民主党政権の外交スタンスは、鳩山さんと小沢さんが中国寄り、野田さんはアメリカ寄りというふうに国民の皆さんには映っていたかもしれません。

しかし民主党の理念や存在意義からすると、どちらか一方に偏った外交スタンスというのはあり得ないわけで、外交のあるべき姿としては「したたかな外交」としか言いようがありません。アメリカと交渉するときは中国カードを使う、中国と交渉するときはアメリカカードを使う、こういった外交戦略が求められます。

これは日本のあり方をどう考えるかというとき、大国ではなく小国主義を標榜する民主党としては当然の外交姿勢だと思います。私の考える小日本主義とは、資源の少ない日本が背伸びをせず、すべての国との協調を目指し、通商を中心とした「身の丈にあった」外交・防衛・通商政策を目指すことです。

私に言わせれば、アメリカはどうも日本が本当の意味でアジアと強固な信頼関係を回復し、「アジアの盟主」になられたら困ると思っているのではないでしょうか。本当に戦争を始めてしまってはアメリカも困りますが、日本が対米依存から抜け出せない程度にアジアで対立の構図に身を置くほうが、アメリカの意向を日本に反映させやすいと考えているフシがある。

過去の歴史を直視し反省したうえでアジア寄りの外交を目指すといえば、すぐに〝自虐史観〟のレッテルが張られますが、アメリカを含む関係を考えれば、アジアの先進国の先輩である日本が自然なリーダーシップを発揮するというのは、国益を最大化することにつながるのです。


アジアでリーダーシップを発揮するためには歴史の位置づけ、つまり歴史リスクへの対応が不可欠ですが、これをうまくやっているのがドイツです。

ドイツは第二次大戦後、経済面での補償や援助を十分に行ってきたことはもちろんですが、敗戦直後の一九四七年にはドイツ歴史研究所を国家機関として設置し、これは現在まで続いている。そして今でもユダヤ人虐殺の現場に行けば、時の為政者が花を捧げ哀悼の意を示すなど、おりに触れて近隣諸国と国際社会にメッセージを発信することを行ってきました。そこにあるのは自虐でもなんでもなく、ヨーロッパのリーダーシップをドイツが担っていくんだという力強いメッセージなのです。

日本もドイツに学び、歴史に対して真摯なメッセージを発信し、アジアでのリーダーシップを発揮するべきです。アメリカは本音の部分ではそれを好まないかもしれませんが、アメリカに対してもしたたかに交渉していかなければなりません。

とにかく民主党は、米中だけでなく、すべての国に対して開かれ、かつしたたかな外交をしていくべき存在です。そのためには政治家が高度な外交戦略を実現すべくマヌーヴァーを身に付けなければなりませんし、やせ衰えている外交官のマンパワーも充実させなければなりません。

4　大地に根を下ろした農政論議を

この章の最後に一言、農業について触れさせていただきます。文化芸術が「人々が豊かに生きる」ことに関わるとするならば、農業を含めた一次産業は、「人々が生きる」ことそのものに最もかかわる産業だからです。

安倍晋三首相は二〇一三年三月一五日、首相官邸で記者会見を開いて、環太平洋パートナーシップ協定（ＴＰＰ）について、日本がその交渉に参加する決断をしたことを表明しました。

米国を中心とする環太平洋の経済圏を構想するこの協定に日本が参画すると、世界経済の約四割を占める巨大な市場が、統一した貿易のルールのもとに動き出すことになります。日本経済のみならず、日本社会の構造に大きな変化を伴うことが予想されています。

ことに、国民の食糧を生産するばかりではなく、国民に心の安らぎをもたらす国土の環境の保全を担い、これからの国民の働き方と暮らし方の選択肢のなかで重要な位置を占めている、農業分野の論議が欠かせないことはいうまでもありません。

この協定に参加した場合に、農産物に対する関税が大きく引き下げられる結果として、日本の農業が打撃を受け、その生産額が三兆円余りも減少するという政府の試算の数字すらあります。もちろん栃木県内の農業も相当な影響が出ます。農業は食糧自給の確保、すなわち国の安全保障に関わる重要な分野であり、かつまた、安全で安心できる食糧を求める国民の生活に直結する分野でもあります。

日本がこの協定に参加すべきかどうかの議論については、民主党内でも賛否が分かれていますが、新自由主義の問題点に対する距離感を原点とすべき民主党としては、もっと明確な反対の立場を明らかにすべきであると思います。

また、短時間の党内議論で、「条件付き」参加表明を認めてしまった自民党は、二〇一二年末の総選挙における公約違反の責めを負うべきではないでしょうか。

すでに、交渉にあたっているカナダの代表が、いったん参加すると脱退できないなどの秘密条項があることを明らかにしていますから、参加表明した以上、条件が達成できないから脱退だなどと初めから言えないのです。また、先行する八つの国の個別承認を取った後でなければ具体的な交渉に入れないのですから、二〇一三年内に全体交渉が妥結するというスケジュールが確定している状況では、条件闘争の交渉時間は事実上ほとんどありません。聖域を確保するための交渉など事実上困難です。まさに、条件付きと言いながら条件闘争をする気がないことは見えています。

また、内容的にも大きな問題をはらんでいるようです。米国のパブリックシチズンというNGOは、秘密にされていたTPPの協定案を三月下旬に暴露しました。そこで大きく取り上げたのは「投資条項」の問題点でした。

このNGOは、TPPの投資条項によれば、外国の投資家がTPP条約を盾に米国政府に民事訴訟を起こし、国内規制が原因で生じた損害への賠償を請求できるようになる、米国の企業はみな同じ国内規制を守っているのに、これではまるで国庫の略奪である、などと指摘しています。

もしこのNGOの指摘通りだとすると、大変なことになります。一例を挙げると、わが国の「非関税障壁」、たとえば新薬の認定基準が厳しすぎてアメリカの薬が買ってもらえないからTPPに違反している、したがって日本国政府はアメリカの薬剤会社に損害賠償をすべきである、などといった訴訟ができるようになるのです。

これを別の視点から見ると、国内法規よりも条約の規定が優先することになります。国内の行政手続きや法秩序に優先する損害賠償の基準が、条約によって決まってしまう。アメリカのNGOは、「企業による世界統治」だなどとエキセントリックな表現を使ってTPPを批判していますが、たしかに国内の法秩序の一部にTPPという別世界を作ってしまうことになるのかもしれません。

こんな重要な視点がありながら、私たちに正確な情報は伝えられないまま、ムード先行のTPP容認論が国民の間に広まっているのは大変な問題です。こんな時こそ、民主党はしっかりとした反対論を打ち出しながら、国民の間にしっかりとした議論が深まるように努力すべきです。それこそ、野党の重大な責任ではないでしょうか。

「民」が「主」となる農業政策

「民」が「主」となって政治を進める、そのことを政治信条にしてまいりました政治家として、農業政策についてもまた、幅広い国民の声を聞いて議論を積み重ねていくことが必要だと思っています。

私の地元である栃木県はいうまでもなく、全国有数の農業県の一つです。都道府県別の農業産出額の全国に対するシェアをみると（農林水産省、平成二二年「生産農業所得統計」による）、農業産出額全体で、栃木県は全国一〇位の農業県です。首位の北海道から茨城、千葉そして、八位の青森、九位の新潟に次ぐ順位です。農産物の種別にみても、栃木県の農業県としての地位は高い。米では九位、麦類三位、豆類八位、野菜八位。そして、県外のみなさんはあまりご存じないと思いますが、生乳では北海道についで堂々と二位の位置につけています。首都圏における食糧生産基地としての栃木県の役割の大きさがわかります。

日光や那須を中心とした素晴らしい自然とともに、こうした農業によって緑に包まれた地元の大地は、政治家として政策を考え、政策を練り上げ、そして訴えていく私の誇りであるとともに、強力なバックボーンです。

こうした大地に根を下ろした論議が、農業政策を考える上では重要であると思います。

「民」が「主」となる農業政策です。

地元のみなさんの声をうかがいに、農業地帯を見せていただくたびに、農業政策に取り組む機会に恵まれている政治家であることを誇りに思います。それとともに、農業にたずさわっている方々の知恵に触発されてもいます。

日本の農業政策をよりよきものとするためのヒントは、農業関係者が日々取り組んでいらっしゃる活動のなかにあります。そのエッセンスを国政の場に生かしていくのが、農業に身近に接している政治家である私の責務と考えています。農業県に生まれて、地元の方々から育てていただいた私の宿命とも思っています。

す。

栃木農業のさまざまな試み

私が誇りに思っている地元の農業の成果は、それがすなわち日本の農業の誇るべき実践で

農業に従事されている方々ばかりではなく、広く農業について実践をしようと、農・商・工の連携を目指している「とちぎ未来農業研究会」は、その誇るべき実例です。栃木県経済同友会が加わっていることからお分かりいただけるように、幅広い人々の連携と協働によって、地域の農業を活性化していこうという取り組みです。

東京から移住してきてハーブの農園を経営している実例や、脱サラからバラづくりをはじめている農園の見学会などを通じて、農業と流通、そして加工に関わっていらっしゃる方々がいかにして協力できるかを考え、実践しているのです。

これらは、「農業の六次産業化」の具体的な取り組みでもあります。全国各地で取り組みが始まっているこの「六次産業化」は、民主党政権のもとで本格的に取り入れられた政策です。民主党の政策なかでは、その評価は高得点であると考えています。一次産業としての農業が二次産業の加工も手掛け、さらに流通の三次産業まで手掛ける。一、二、三の数字を掛けても足しても六になることから命名された政策の名称もまた、よくできていると思います。

地元の栃木の農業について、もう少し紹介させていただきます。

栃木が「イチゴ王国」であることは全国的に知られています。「とちおとめ」のブランドは浸透しています。ただ、ひとつのブランドに安住した企業が衰退するのは、企業社会ばかりではありません。新しいブランドを育成していくことが、消費者の購買意欲をつなぎとめることになります。栃木のイチゴ農家の一部で実験的に栽培されているのが、「スカイベリー」という新しい品種です。消費者のイチゴについてのマーケティング調査などを参考にしながら開発されました。酸味は控えめで甘みが強く、大粒であるというのが、スカイベリーの特徴です。

かんぴょうもまた、栃木の名産のひとつです。そのかんぴょうをラーメンにするという新たな取り組みもあります。栃木市の製麺所が開発した「夕顔ラーメン」です。味はこれまでのラーメンと変わらず、コシがあってカルシウムや鉄分が豊富だそうです。

また栃木は、ゆずが生育する北限です。「新里ネギ」で知られる宇都宮市の新里地区で、一九六〇年代からゆずの栽培に取り組んでいらっしゃる農園があります。栃木では栽培農家がない時代に、高知などの先進地で学んできました。たったひとりから始めたゆず栽培が、今では生産出荷組合ができるまでになっています。栃木のゆず栽培を切り拓いたその二世の人たちが、素晴らしいことに二〇一〇年、「宇都宮ゆず組合」を作りました。

農業に関する政策は、机上の数値によるシミュレーションにとどまらず、大地に根を下ろして実際に行われている数々の成果に学びながら、論議を進めていかなければならないと考えます。これまでにご紹介してきた地元の例からもご理解いただけるように、農業のこれから果たす役割は極めて大きいといえます。

東日本大震災と農業の関係もまた、大地に根を下ろした論議が必要な点です。東日本大震災は、地震と津波によって日本最大の農業地帯である東北を襲ったばかりではなく、首都圏の食糧基地である地元の栃木県をはじめとする北関東の地域にも大きな傷跡を残しています。一〇〇〇年に一度という大地震に福島第一原子力発電所の事故が加わって、農業地帯は直接的な被害とともに風評被害に見舞われています。

東日本大震災と原発事故による被害を克服することは、農業地帯の大きな課題のひとつです。

地元栃木県はシイタケの全国的な産地です。それが、原発事故の風評被害のためにその販売が大きな影響を蒙りました。シイタケの原木を他県から購入するなど、対策が進められています。震災地と原発事故に遭遇した地域の政治家として、「民」が「主」を実践するためにも、こうした農業地帯を歩いて被害の実態を見極め、対策を考える日々を続けています。

民主党が政権与党時代の農業政策を振り返ると、農業の役割を、その生産額が経済全体に占める割合だけで評価するのではなく、日本社会のなかで全体として極めて大きな存在であることを十分に認識していました。

　ＴＰＰ交渉に参加する交渉がはじまったことで、その影響が及ぶ農家に対して所得補償をどのような形で行うべきかの論議も、これから始まることでしょう。その際には、さまざまな議論を巻き起こしましたが、民主党政権が導入した所得補償制度が出発点となって、新しい政策の論議が今まさに起きようとしています。

　いずれにしろ、農業分野の政策の立案には、大地に根を下ろしている人々の声を聞き、その経験に敬意を払うことから始めなければなりません。

第9章　私の政治課題

1　民主党の理念

政権交代の可能性を失った政治体制は、真実の民主主義とは言えません。老舗の政権党の自民党は、依然として政官業癒着の温床のど真ん中で、再び君臨しようとしています。また、第三極も種々雑多で、一貫した政策体系を持った政党があるようには思えません。

そうなると、この国の民主主義をさらに進化させるためには、どうしても民主党の再生が必要です。

ただ、現在の民主党は原点を喪失し、自分たちがどんな存在で何を目指すべきなのか、見失っている状況にあります。

そこで、九六年結成時の理念に立ち返り、ふたたび民主党が何を目指す政党なのか、はっきりさせておきたいと思います。

九六年結成時の理念は、第5章に掲載してあります。79ページの六項目を、これまでの経緯や現在の状況を加味し私なりに整理すると、以下の五項目のようになります。

これは、これからの民主党の基本理念としても十分に通用するものではないでしょうか。

1　政官業癒着の利権政治と決別する。
2　官僚主導の国家中心型社会を根本的に転換する。
3　自立と共生の原理に立つ市民中心型社会を築く。
4　日本国憲法の平和理念を尊重しつつ、その積極的展開をはかる。
5　経済成長至上主義を脱し、自然との共生、世界との調和を重視した活力ある安定的で持続可能な成長を実現する。

2　私の基本指針

以上五項目の基本理念を実現するための私の基本的な活動指針は、単なる政策形成を超えた、大きな社会構造改革であるべきだと考えます。

そしてそれは【社会構造の改革】と【社会目標の転換】の二つのポイントを持っています。

【社会構造の変革】「官僚主導の国家中心型社会」から「自立と共生の市民中心社会」へ

明治維新に始まる国家主導型の急激な欧米化は、いわゆる官尊民卑の風潮を助長し、官僚支配の政治・経済・社会を作ることとなりました。これを根本的に転換し、利益中心の産業セクターと公益目的な官僚セクター、そして自立と共生の市民セクターの三者のバランスがとれた社会を作ること、これが私の根本的な活動目標です。

明治以来の官僚主導の国家中心型社会を根本的に転換し、人々がそれぞれ自立した精神のもとに、互いに他者を尊重し合う「自立と共生」の原理に立つ市民中心型社会を築く、これが私の基本指針です。

【社会目標の転換】「経済成長至上主義」から「安定的で持続可能な成長」へ

戦後の経済成長至上主義を脱して、自然との共生や環境との調和を重視した、活力ある安定的で持続可能な成長、「共生型・資源循環型の市場経済」を実現し、それぞれの地域で個性的な文化を持ったゆとりある生活空間を創造する、このことを社会目標とすべきものと考えます。

3　私の基本姿勢

また、私の政治家としての基本姿勢についても、改めてここにまとめておきます。

真実の国民主権の確立こそ私の原点

日本国憲法の基本原理は、もちろん「国民主権主義」です。しかし、政権交代が行われず、戦後五〇年を超える自民党の長期支配が続くうちに、この理念は完全に形骸化してしまいました。そして政治の主役は政官業の癒着構造であり、霞が関の高級官僚があたかも独占するような事態に陥ったわけです。

これを打破し、主権者としての国民が政治の実質的な決定権を持つ国を確立することこそ、私にとっての最優先課題と考えます。

新しいリベラルの結集

九六年民主党を結成段階での政治構造からみると、非自民勢力（おもに社会党）のうち「護憲主義」の呪縛から解き放たれた者と、保守勢力のうち「自主憲法制定論」の呪縛から解き放たれた者たちの大同団結であったといえるでしょう。まさに旧五五年体制の二つの呪縛から大きく飛躍しようとする政党であったわけです。

そして、かつての戦争に対する真摯な反省に立って結党されたのが九六年民主党です。これが結党の際の共通認識でした。かつての戦争を容認する精神構造は、九六年の民主党には存在していませんでした。

いまや自民党が、圧勝のもとに戦前の日本への復古主義的な傾向を強めている中で、歴史の冷静な分析に立って外交・安全保障を考える九六年民主党の基本的な視座が、きわめて重要になっていると私は考えます。

格差との戦い

さらに九六年民主党は、細川連立政権、その後の自社さ政権の経験と反省の中で、二一世紀の対立軸を、アメリカが全世界に広げようとする新自由主義に置きました。新自由主義への警戒感と距離感を持って、結集した政党なのです。

したがって支持基盤として、相対的に社会的基盤の弱い正規・非正規の労働者、中小企業者、個人経営者、農林水産業者などのいわゆる社会的弱者を想定する政党です。さらに、重要な政策課題として、激しい競争の結果生じてくる過度の格差や貧困、非合理的な差別に対する政策的な対処はいつも念頭に置かれなければなりません。たとえば、税による所得の再分配によって、できるだけ格差や貧困を少なくする政策などが重要です。

非合理的な格差や貧困との戦いは、民主党の基本政策でなければならないのです。

自由と平等の相剋を乗り越える「自立と共生」の原理

民主党という党名の選択も、「自由」と「平等」の民主主義の二大原理のなかで、新自由主義的な過剰な自由競争がもたらす格差や貧困との戦いを意図し、あえて「民主」を選択したものです。自由と平等の相克を、自立と共生の原理で乗り越えんとする政党であることが名前に現れているわけです。

フランス革命以来の「友愛」の原理は、まさに自由と平等の相剋を調整する原理です。「主」としての「民」は、一人ひとりが限りなく多様な個性を持ったかけがえのない存在であり、だからこそ自らの運命を自ら決定する権利を持ち（「個の自立」の原理）、同時に、互いの自立性と異質性を尊重しあった上で、なおかつ共感しあい一致点を求めて協働する（「他との共生」の原理）存在でなければなりません。

この自立と共生の原理によって、初めて自由と平等の対立が乗り越えられるのです。

4　私の重要政策＝民主党再生のポイント

以上を受けて今私が掲げるのが、次の政策です。これは私にとっての重要政策であるだけでなく、原点を喪失し国民から見放された民主党が、ふたたび政権交代可能な二大政党として再生するためのポイントとなるものです。

1　格差の是正

市場競争至上主義がもたらす、非合理的な格差や貧困を是正する政策体系の確立。経済的な弱者によりそう温かな政治の確立。

（正規・非正規の労働者・中小企業者・個人企業者・農林水産業関係者 etc）

2　総合的な産業政策

知的創造力を中心軸にすえて経済の活性化を図る、総合的な産業政策の確立。

3　市民セクターの拡大（新しい公共）

日本のエネルギーの源は一人ひとりの「民」にある。社会構造改革の視点から、自立と共生の原理がささえる「民」の活動分野を拡充していくことが、この国の未来を救うポイント。

4　文化立国

わが国固有の文化と伝統への誇りとアイデンティティーの確立を通じた文化立国。東西文化の融合をさらに可能にするソフトパワーの涵養。さらに、ソフトパワーを軸にした外交戦略・経済戦略の展開。

5　クリーンエネルギー革命の推進

脱原発の総合的エネルギー政策。

6　タテ型の税配分からヨコ型の税配分へ

補助金型から、寄付金控除型への大胆な税配分システムの変革。官僚主導ではない、市民横断的な税配分。

7　情報社会に対応する政治システム＝直接民主制への転換

重要な国政問題についての国民投票の採用。

8　歴史リスクへの対応

文明の衝突を超越する調整者としての「したたかな外交戦略」。アメリカとの対等なパートナーシップの確立。

9　少子化傾向に歯止めをかける総合的政策の推進

少子化対策こそ、二一世紀を乗り切る最大の国家戦略。

これらの政策を通じた民主党の再生が、必ずこの国の民主主義を進化させるものと確信しています。

IV部——対談 高野孟×簗瀬進「民主党再建案」

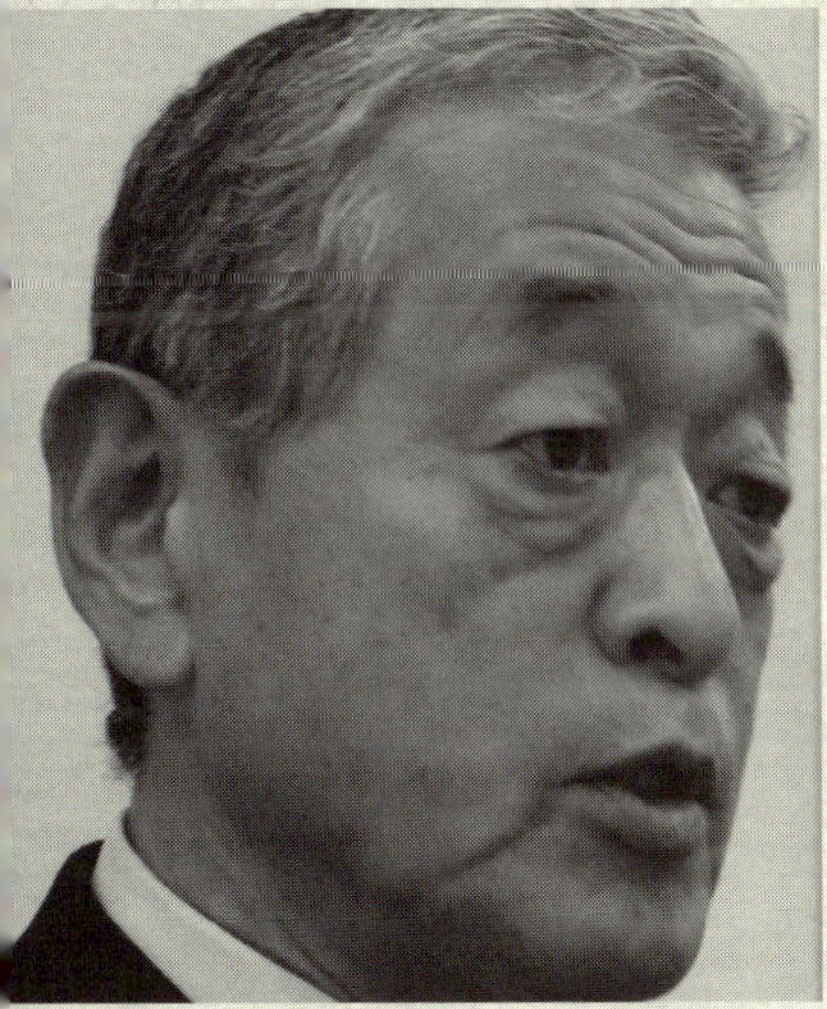

高野　孟（たかの・はじめ）

1944年東京生まれ。1968年早稲田大学文学部西洋哲学科卒業。フリー・ジャーナリストとして情報誌『インサイダー』の創刊に参加。現在、ブログサイト『THE JOURNAL』を主宰。2002年早稲田大学客員教授、2007年サイバー大学客員教授、2008年京都造形芸術大学客員教授。著書多数。

1　安倍政権をどう見るか

――本書の締めくくりとして、九六年民主党結党のブレーンで理念を作成されたジャーナリストの高野孟さんと、民主党オリジナルメンバーの一人である簗瀬さんの対談を通じて、なぜ民主党の再建が必要なのか、そのためにどうすればいいのかを探っていきたいと思います。

さて、まずは二〇一二年一二月の総選挙で政権の座に返り咲いた自民党安倍政権について語っていただきたいと思います。お二人は安倍政権のここまでをどのようにご覧になっておられるでしょうか。

簗瀬　私は安倍さんの本質がなかなか見えなくて、見えないから怖いなって感じがあるんです。

安倍さんがどんな人なんだろうと深く考えるようになったのは、第一次安倍政権で彼がしゃにむに憲法改正の国民投票手続を変えようと、国民投票法（日本国憲法の改正手続に関する法律）を通そうとしていた時です。あの時民主党は衆参ともに劣勢で、私は参議院の筆頭理事でしたが、そこで考えたのは、衆議院では〝激突玉砕型〟で終わってしまったけれども、それでは何も残らない。国民投票法は問題点を多く含む、ある意味では欠陥法だと今で

も思っているのですが、その欠陥をしっかりと残しておこうということで、一八項目の付帯決議を付けました。

高野　一八項目も？

簗瀬　ええ、これは今記憶に残っている方が少なくて残念です。例えばこの前ブルガリアで国民投票があったのですが、最低投票率に満たないということで却下されたんですね。ところが日本の国民投票法では、最低投票率の定めが全くなく、低投票率でも通ってしまうわけです。この辺りのことを付帯決議には盛り込んで、無茶苦茶な憲法改正に対して閂《かんぬき》をかけたつもりだったんですが、その時に安倍さんとかなりやりあいました。

安倍さんは最初、現在言っている憲法改正に関する九六条ではなく九条の改正を目論んでいたようですが、それもはっきりとは言いませんでした。当時の彼のお題目は「美しい国」でしたが、それも抽象的で中身がはっきりしない、非常に情緒的なものです。もう一つ当時安倍さんが言っていた「戦後レジームからの脱却」にしてもよくわからない。「戦後レジーム」なるものから脱却するために憲法改正が必要であるというならばそれが何なのか、彼の本質をえぐり出そうと私は質問したのですが、「戦後レジーム」が何なのか、彼は全く説明できませんでした。これが彼の本質なのかな、と思っているんですね。

高野　そこなんですよ、安倍さんの矛盾点は。結局彼は保守本流なのか、右翼なのかということに帰するわけですが、私の結論としては、その真ん中あたりをうろうろしていると。そのあたりでブレているんですね。

田原総一朗さんが二〇一三年一月半ば、安倍さんと二人で会ったんですね。その時田原さんは安倍さんに、「あなたの本質は保守である。右翼というのはあなたの趣味に過ぎない。だから総理の間は、趣味をやめておいたほうがいい」と言ったというんです（笑）。安倍さんは苦笑いをしながら、「あなたのおっしゃることはとてもよくわかります」と言ったそうなんですが、その辺のところなんですね、安倍さんの本質のわかりにくさとい

うのは。

それでその話を、日本のことをよく知っている米人記者にもしたのですが、彼は「冗談じゃない。彼の本質は右翼だ」と。オバマも含めて、アメリカはそれを一番警戒しているというんです。二〇一三年二月、日米首脳会談が行われましたが、アメリカ側は非常にクールで、その記者の言葉を借りれば〝arms distance〟、肩を組むのではなく腕を伸ばしたくらいの距離を置こうという態度がオバマにありありだったと言います。なぜかといえば尖閣問題で、アメリカを巻き込んでまで戦争しかねないのは冗談じゃない、アメリカがこんなに苦しんでいるときに余計なことはやめてくれと思っていて、アメリカから見れば彼は右翼なんだということです。

さらに言えば、ニューヨークにユーラシアグループという投資コンサルタントがありまして、毎年正月に「世界10大リスク」というのを発表するのですが、そこで「JIBs」(ジブス)という言葉が初登場しました。これは「BRICs」と同じように国名の頭文字をとったもので、日本、イスラエル、イギリスのことです。つまりこの三国はアメリカにとって重要な同盟国だったが、近隣国とうまくいかなくなって、今やアメリカの頭痛の種になっているということです。

これはなかなか面白い捉え方で、イギリスは先のギリシャ危機をきっかけとしたEU財政・金融危機に際し、独仏の必死の努力に対して一切協力しないというキャメロン政権の姿勢から、EU脱退みたいな話にまでなっている。本来は弟分として、アメリカを慮りながらヨーロッパのまとめ役になるべきイギリスが、大陸ヨーロッパとトラブルばかりになっています。イスラエルはご存じのとおりアメリカの中東戦略の柱であるのに、イランへの軍事攻撃にアメリカを引き込もうとしている。日本は竹島と尖閣、北方の問題を抱え、アジアのまとめ役という役割を全然果たせていない。この三国がアメリカにとってのやっかいものになりかねない、こういった目がアメリカにはあるんですね。

そういう日本に対するオバマのさめた見方が安倍さんの訪米にも強く出ていて、日本の翼賛報道が言うほど、「成功、成功」なんて甘いもんじゃないと思うんですよね。

簗瀬　なるほど。何が右翼で何が左翼か、大変難しい議論だと思いますが、どこにその人の軸があるにせよ、私は政治家というのは「倫理と論理」、この二つがしっかりないとだめだと思うんですね。安倍さんの場合、倫理的に何なのかな、論理的にも何なのかということがどうも見えてこない。いわゆる右翼的な方でもしっかりした倫理と論理をお持ちの方もいるのですが、彼はそのどちらもが弱い印象で、ポピュリズム的な部分が強いのではないかと思うんです。ファッションのように、ある意味では軽やかに変わっていける良いところがあるかもしれませんが、逆に正体が見えないというところで、行くところまで行ってしまうような怖さがあるんですね。

高野　そうですね、「美しい国」というスローガンそのものがロマンティックというか、意味不明ですからね。今日も新聞に「美しい国は戦争をしない」なんて投書が出ていましたが、国民もやっぱり一瞬で見抜くわけですよね。おっしゃるように、「美しい」ということの意味内容はこういうことなんだときちんと論理的に説明して、ここからは一線を引くんだということが安倍さんには説明できないんでしょうね。そういうあいまいさが非常に危うい。

逆に言えば、そういったなんとなくの右寄り気分をネット右翼あたりは非常に心地よく感じているわけだし、取り巻きの人たちや右寄り言論人と言われる人たちも、安倍さんをうまく使って自分達の方に世論をひっぱってこようとしているわけですが、そういう時に「いやいや私はここまでなんだ」というロジックを本人が持っていないんですね。

アベノミクスの幼稚性

簗瀬　それは経済政策についても似ているような気がするんですね。いわゆるアベノミクスの本質は何なのかを考える以前に、安倍さんが今の世界の経済変動をどのように捉えているのだろうという疑問があるのです。例えば金融政策をいじってみたところで、本当にデフレ脱却できるのか、そんなに甘いものではないだろうと私個人は思います。

例えば、いまやコンピュータが世界中をつないでいてマネーの動きに密接に絡んでいます。これは非常に素早く予測も難しい。ものづくりでも、日本は膨大な開発投資をして良い技術・アイデアを考えつくけれども、半導体にしてもＤＶＤにしても、あっという間に初期のシェアを奪われてしまう。簡単に模倣されているわけですが、模倣も高度化してすぐにキャッチアップされます。だからパテント政策にしても、昔のようにはいきません。

こういったことを総合的に踏まえて、世界は新しいビジネスモデルを見つけています。アメリカやヨーロッパは意外と新しい技術にぱっと移り変わるのがうまいですし、中国や韓国がこれで市場シェアを広げているのは言うまでもありません。日本だけはどうも乗り切れていない。

つまり今起こっているのは、いろんなことがないまぜになった経済構造の地殻変動であり、単なる不景気が続いているというよりは、経済が次のフェーズに移行するうえで必然的に通り過ぎる踊り場の段階に日本はあるんじゃないかと、私は思っています。そこを旧来的な手法、例えば円安誘導をやっていけばなんとかなるんじゃないの、という発想ではまずいことになるのではないか、私はそう思うんですがいかがでしょう。

高野　そうですね、基本的に同じ考えです。

グローバル経済の中で、何十年も前の一国資本主義的な観念で経済政策を考えている。これだけ経済がグローバル化されて、電子化されたマネーが一瞬のうちに世界中を飛び回っているような時代に、日銀にお札を刷らせたら金融緩和になると思うような発想は、時代遅れでしょう。生産の現場も金融もすべてがグローバル化しているのに、経済政策の発想は一国の経済が半ば閉鎖的に成り立っていた時代と同じでうまくいくだろうというのは、私は幻想だと思います。

金融緩和にしても、グローバル経済下、足りている・いないについては専門的な議論があると思いますが、白川総裁のもとで全先進国の様子を眺めながらそれなりの金融緩和政策を行ってきたわけで、今までもコントロールされた緩和がされてきました。それを「全然やってこなかったんだからお札をどんどん刷ってもっと国債を買え」というのは、二重にも三重にもおかしな話です。

日銀がいくら通貨発行量を増やしても、それが実需との関係でどれくらいの速度で回っていくかが実際の景気には重要で、何回転するのかによってGDPは大きく変わってきます。なぜ回転が上がらないかと考えれば、実需が足りないからみんな資産を塩漬けにするわけで、実は通貨量はすでに十分かもしれない。だとすれば実需を喚起するほうが先だという議論は当然あるわけで、むしろエコノミストの大半はこっちの考えなんですね。

その考えに立つと、賃金を上げて消費意欲を持ち上げるとか、成長戦略――私はこの言葉は好きじゃないので「成熟戦略」と言いますが――を打ち出すとか、こうすれば日本経済は元気になるんだということを先に打ち出すことで、どんどんお金が回り出す。その結果お金が足りなくなれば その時は刷ればいいんだろうけども、先に増やして金余りになれば消費が活発化するだろうという考えは、大昔にハイエクが「インフレ期待値で消費者が財布のひもを緩めるようなことはあり得ない」と一刀両断している。いま一部の学者が言っているようなことは、私にとっては全然熟していない議論に聞こえるのですが、現政権はそれをいきなり鵜呑みにしています。

まぁ証券など金融界にしてみれば、ここのところいい材料もなく今まで締め付けられてきたぶん、リップサービスだけでわあっと盛り上がるのもわかるのですが、実際は何も始まっていないじゃないか（笑）。

簗瀬　（笑）そうですね、民主党政権が禁欲状況を長い間強いてきたというような感じで、作用／反作用はありますよね。

高野　この間も自民党の大物議員さんとアベノミクス・ブームの話をしたのですが、「三月いっぱいで終わりじゃないの」と冷ややかでした。「あんな幼稚な話はないよ」、そういう口調ですよ。

簗瀬　そんな見方もあるんですね。私の地元栃木県は内陸工業といいますか、けっこう優秀な地場産業が中小企業含めてあるところなんですね。先日、ある独特なノウハウで液体メッキなどを手掛けていらっしゃる会社の経営者の方がおっしゃっていたのは、今年になって採算状況は一番悪いと。今まで海外から安く入ってきた原材料がどんどん上がり、一方で製品価格に簡単に転嫁できるものでもないので非常に苦しく、「率直に言って安倍さんは余計なことをしてくれた」と言っておられましたね。

高野　そうでしょうね。それもやはり、今の経済政策が何十年も前の感覚から一歩も抜け出ていないことの表れです。

昔から「日本は輸出立国である」という常識がありましたが、私が何人かのエコノミスト——名前を挙げれば皆さんご存じの方ばかりですが——に、「輸出立国の定義は？」と訊いたことがあるんです。すると皆さんはっきりしないんですね。「輸出が経済を引っ張る国」なんて答えるものだから「そんなものは学生だってそう言います。定義は何ですか」とさらに尋ねたところ、一人だけ「GDPに対する輸出の比率が四〇％前後ある」と。私が「例えばそれはドイツですね。日本はかつて二〇％程度、今は一五～一六％ですよ、輸出立国ではないですよね」と言ったら、その先生は「ありません」と答えました。

要するに輸出花形産業というものがイメージとして日本を引っ張ってきた、それは私も認めるのですが、日本が構造的な輸出立国になったことはないわけです。つまり一種の幻想になっている部分があって、日本は輸出が増えれば経済はどんどん潤うんだという、元から間違っている観念があると思います。この観念が、アベノミクスにくっついているわけですね。

もちろん、材料を輸入して付加価値をつけて輸出している企業もあってここは採算が改善しますが、同じように材料を輸入して国内に販売している企業は苦境に陥ります。このメリットとダメージのどちらが大きいのかということについて、実は誰も計算していない。何となく輸出が増えるのはいいことだ、そのためには円安だという、私に言わせれば幼稚きわまりない「円安幻想」がまかり通っていると思いますね。

ユーラシアを取り込んだ経済戦略

築瀬　まぁその幻想が気分を盛り上げて投資を呼ぶというプラス効果も多少あるかもしれませんが、そのままどんどん行くと間違いなくまた崖から落ちるだろうと思います。

先ほど高野さんがおっしゃった「成長より成熟」というのは非常に面白いサジェスチョンだと思います。「円安信仰」と同様、私は日本の企業に「技術信仰」みたいなものがあって、「いい物を作りさえすれば売れる」というのがあるように思いますね。しかし現実は、例えば韓国みたいに「いい技術が出てきてもすぐにキャッチアップできるじゃないか」という姿勢があって、技術開発に熱心な国に莫大な先行投資をしてもらって、その成果を取ってしまえばいいという「後者の利益」みたいなものをかなり意図的に織り込んだビジネスモデルを作っているわけです。

ところがそれを日本の企業はなかなか学べなくて、いつまでたっても「いい物を作りましょう」の一点張りです。そういう中で、例えば成長産業に集中的に投資する、政策的にインセンティブをつけていくとなっても、技術開発にお金が流れたり関連する大学などが進歩する部分もあるでしょうが、それだけで済むわけはなくて、どんどん技術がミックスされコピーされて結局トータルではコストの部分で新興国に完全に負けてしまう、こういうことを繰り返しているんですね。

私は参議院予算委員長の頃、小川紘一先生にお話を聞いたことがあります。小川先生は東京大学の特任教授をされているのですが、富士通でＤＶＤ開発の責任者をされていた方で、新興国にどんどんキャッチアップされた経験から新しいビジネスモデルの必要性を説いておられ、私が近年触れた産業論では一番刺激的なことをおっしゃっている方だと思います。

小川先生がおっしゃるには、例えばアメリカの半導体産業などでは、コアになる技術だけは完全にガードして、それ以外の周辺技術、すぐに代替されるような技術については、自分からアジアなどの新興国に与えるというんです。それこそ護送船団のようにコア技術を持っている自社は「空母」、周辺技術を渡した外国企業群は空母を守る「駆逐艦」のようにして

「一緒に組んでやっていこう」と持ちかける、こういった遠大なビジネスモデルを構築しているんですね。

高野　今うまくいっているところはだいたいそのやり方ですね。例えばキヤノンはプリンターの類はすべて中国で生産しているのですが、中枢部品だけは日本国内で製造して輸出し、中国で最後にぽこっとはめるわけです。それが象徴しているのは、大量生産型の製品というのは端から真似されていく。そこで日本はものづくりの結晶が詰まった中枢部品について、絶えざる研究開発と生産を行う。こうした部品とかそれをつくる生産設備やハイテク素材、つまり資本財に特化する。日本はそれを例えば韓国に輸出すると、韓国はそれを使って中間財をつくる。そして中国は韓国の中間財を使って最終的に組み立てるわけです。

このことはサムスン電子のカリスマ経営者イ・ゴンヒ氏がかつて日経紙上で言っていました。確かに外見では日本の電機五社が束になっても消費財のシェアはサムスンに負けているけれども、イさんはちょっと違った見方をしていて、「日本が高度資本財をつくり、韓国はそれを活用して複合部品のような中間財をつくる。それを使って中国が最終製品を大量生産する。この東アジアにおける資本財—中間財—消費財という関係はもはやオーガニック、つまり有機体ともいえる域に達している」と言うわけです。

簗瀬　なるほど、有機体ですか。

高野　サムスン自身は「ほら、日本をやっつけてやったぞ」とは見ていないわけですね。

実は今度日銀総裁になる黒田東彦さんも全く同じ考えで、数年前の日経で「この十数年で日本はアジアに強力なサプライチェーンを築き上げた。これが今後のアジアにおける日本の経済戦略の鍵なんだ」と言っていましたが、私もそうだと思いますね。

日本は労働集約型の大量生産品では負けるけれども、超精密加工部品や超高性能の工作機械やハイテク素材などの分野では、中国にもアメリカにも負けません。ボーイング７８７に使われたカーボンファイバーなども、他国でも作っているのですが日本の品質が抜きんでていて、当分の間どこも追いつけないだろうと言われています。こういった高度資本財の供給国として、「ここのところは日本から買わないとモノはつくれない」といったものを日本はいっぱい持っているのですから、それを戦略としてやっていく必要があります。

こういったことをキヤノンのように一企業内でやっていく、あるいはコア技術をパッケージ化して輸出する。もう一つのやり方としては、円安状況では難しいことですがＭ＆Ａをどんどんかけていって世界展開していき、資本関係の中で守っていくわけです。

例えば今言ったようなことを、安倍さんの言う成長戦略、私は成熟戦略と言いますが、東アジアにおける生産分業体制を一つの歯車にして、二一世紀のアジアの成長にがっちりと噛み込んでいく。狭く「内需、内需」と言わないで、これは経済同友会も言ってますがアジア内需、もっといえばユーラシア内需に、日本のものづくりの知恵を武器に、東アジアの分業体制を足場としてユーラシアの大奔流、ダイナミズムを日本に戻してくる、それが成長戦略であり成熟戦略であろうと思います。

TPPの本質的問題点

簗瀬　いずれにしても、太平洋の向こうにはアメリカ、西側には中国という巨大な国に挟まれている中で、わが国の経済や外交をどう構想していくのか、そこが重要ですね。

これはすべてのことに絡んでいて、まさに高野さんが民主党結成時の基本政策としてまとめた0番（80ページ参照）にあるように、歴史認識を踏まえてあたっていくべきだと思うんです。私は今度のTPPにしても領土問題にしても、日本は一方に付かないほうがいいだろうというのが持論なんです。アメリカに対して向かうときは、中国なりユーラシアカードをしっかり持って臨む。中国は国内に矛盾を多く抱えていますから、必ず海外に対しては強い姿勢を示さざるを得ない。そういう中国の複雑な姿勢をそのまま正面から受け止めるのではなく、日米同盟を基軸としてもいいですが、中国にはアメリカのカードを使ってしたたかに渡り合っていく。そういうことをやれない限りは、この国の未来を守っていけないと思うんです。

ＴＰＰですが、私が聞いている話では、どうもコメだけを守ってあとは全部投げちゃったんじゃないかと。安倍さんは自身の長期政権を築きたいがために、アメリカが期待している以上、必要以上の譲歩をしてしまったような気がするんですがいかがでしょう。

高野　そうですよ、逆に言うと安倍さんの主観的意図としては、ここで一気に踏み込むことでアメリカは喜んで長期政権を支えてくれるだろうと。でも国内政治的には逆で、あの日米の共同声明は一種の詐欺的レトリックであると新聞も書いていいます。共同声明は三つの節で成り立っているのですが、第二節で「両国ともに二国間貿易上のセンシティビティが存在する」とあって、まぁセンシティビティというのも意味不明な言葉ですが、「一方的に全ての関税を撤廃することをあらかじめ約束することを求められるものではない」と書いています。にもかかわらず第一節では「交渉に参加する場合には、全ての物品が交渉の対象とされる」とはっきり謳っているわけで、「あらかじめこれは聖域だと認めないけども、全ての品目はテーブルに載せて結果は出口で決まる」という論理構造になっているわけです。だからコメだってどうか、危ないもんですよ。

簗瀬　私はかつて、ＴＰＰを積極的に推進しているアメリカの団体って何だろうと調べたんですが、一番びっくりしたのはアメリカの巨大ゼネコンの業界団体のホームページを見た時です。まぁいろんな見方があるけれども、アメリカというのは戦争を仕掛けて戦争で壊し、その戦後復興の資金を世界中から集めて巨額のお金を投入していくわけですが、そこをアメリカの巨大ゼネコンが仕切っていくわけです。こういった建設会社や巨大な製薬会社などのグローバルな大企業が中心になって、アメリカでは熱心にTPPを求めているわけですね。

けれど本当は、TPPというのはアメリカ民主党のどの部分が求めているのか、どの業界・企業が求めているのか、私にはどうも見えないんですね。日本人の悪い癖で、「アメリカが」と言っちゃうとアメリカがトータルで求めていると思うんですね。これは基地の話でも一緒で、アメリカというのは重層的で複雑な社会であることを踏まえずに、アメリカ全てがそう言ってるんだと日本はすぐに理解するけれども、TPPなんて本当はよくわからないですよね。

高野　業界によって違いますよね。例えばアメリカの自動車業界などは、日本と二国間では、環境基準や安全基準を緩めろという〝改悪〟を要求したり、日本の軽自動車に対する税制優遇をやめろと言ってきたりする。軽自動車なんて本当に優れた日本の自動車文化で、アメリカも中国もみんな軽自動車に乗れば世界の石油は随分節約できるけれども、アメリカの大きな車を買えと言う。アメリカでも軽を作って輸出するというなら話もわかるけど、そうはしない。

一方でアメリカ自動車産業は、乗用車二・五%、トラック二五%の関税が撤廃されることを恐れている。いままでの参加国、ブルネイだとかオーストラリアはアメリカに自動車を輸出していませんが、日本が参加することで初めてアメリカ車が脅かされることになる。関税撤廃は困るんですね。アメリカにも両面あるわけです。

もう一つＴＰＰの大きな問題ですが、そもそもアメリカがＴＰＰを言いだしたのは、二〇〇八年のリーマンショック後、金融資本主義ではやっていけないんじゃないかという不安がアメリカに生じて、突然オバマが輸出を二倍にして雇用を増やすんだと言いだした。そのことと連動して、輸出戦略のインフラとしてＴＰＰだと言い始めた。

だとすると、それはやっぱり一番旺盛な中国マーケットが重要なのではと思うんです。中国は仲間に引っ張り込んでおかないで、日本やオーストラリアを取り込んでアメリカ主導でルールを決めておき、最終的に「中国は膝を屈して入ってこい。お前らは国際ルールに従わないのか」という、一種の中国包囲網になっているんですよね。これがやっぱりおかしいんです。

最初からルールづくりに参加させないと、中国は絶対に入ってこない。中国はいま領土問題含め、あらゆる分野で「二一世紀の国際社会で中国はルールづくりの当事者である」ということをボディランゲージしているわけで、「二〇世紀はアメリカの好きなようにやってきたが二一世紀は中国も当事者である、なぜならこれだけの軍事力があるんだ」ということを主張しているんです。これは例えばインターネット・プロトコル、IPアドレスのことなどもそうで、次世代の規格であるバージョン6の構築に中国は非常に熱心です。今までは全世界で限られたIPアドレスの四割ほどがアメリカに割り振られていたけれども、二一世紀は中国も当事者として基準づくりに参加するんだと主張しています。

このあたりの問題を現政権がどれくらい意識してTPP交渉に参加すると言っているのか、きちんと見ていく必要があります。

築瀬　高野さんのお話を聞いてますます、やはりこの国には多面的でしたたかな外交が不可欠だと思いますね。

憲法改正と国民投票

築瀬　安倍さんでもう一つ言っておきたいのが憲法改正の問題です。安倍さんは「九六条から手をつける」と言っていて、憲法改正に必要な両院三分の二以上の賛成条件を変えて改正しやすくしようとしています。

憲法改正を論議する際、どこまでが限界かという議論があって、私はやはり三原則は絶対に変えられないだろうと思うのですが、安倍さんがいきなり九条でなく、まずは改正条項の九六条を言いだしたのは、かなりの深慮遠謀があるように思います。手続さえ変えてしまえばあとは何でもできると思っているようで、彼の発想に変えてはいけない部分というのはなくて、どこも変えてもいいと思っているのではないか。

一方で民主党は今度の綱領（二〇一三年二月）に憲法のことを盛り込んで、憲法を全く変えてはいけないのではなく、「三原則は堅持したうえで」変えることも視野に入れることを書き込んでいます。

私が悲しく思ったのは、例の国会前の脱原発デモに対し、時の総理が「大きな音がするね」と言ったとか言わないとかいうことがありましたが、あれでは「市民が主役」なんて言える党じゃないと誰もが思うでしょう。

原発の問題のように、非常に判断が難しい問題は今後も出てきます。民主党の他党との差別化ポイントとして、格差との戦いや憲法の問題以外に、重要な国政問題に関する国民投票を取り入れることがあると思います。本書でも述べましたが、ある問題についてきちんとプロセスを踏んだ上で案を提示し国民投票に諮る。原発問題のように専門家の権威も失墜して物事が決められないという状況に対し、国民投票で乗り切っていく。そのために憲法改正をやっていくというのが私の考えですが、高野さんはどうお考えでしょうか。

高野　いわゆる直接民主主義的な手法を取り入れるということですね。それはもうヨーロッパでは当然のことのように実施されていますが、日本はまだ着手していない。私もそのために憲法を変えていくべきだと思いますね。憲法には絶対手をつけてはいけないという社共両党みたいには私も考えていないです。

九六条から変えるというのは、橋下徹さんも大賛成みたいですね。彼は法律家だから、かなり説得的な議論をしています。中身を変えるとなれば必ずガチンコになってそこで話が進まなくなるので、二分の一の賛成があればいいと変えることではじめて切迫した状況が生まれ、中身の真剣な議論ができるんだというのが彼の論法です。これはなかなか上手な論法で、そうかなと思わせる部分もある。

それに対して安倍さんの真意は何なのかと考えると、九条を変えたいという真意を隠すためだけに九六条と言っていて、あとはやりたい放題やるんだという意図がやはり見える。そういう狙いだとするならば、やはりどこをどう変えるんだという議論をきちんとして、その上で変えるのが必要だとなったら、「じゃあ二分の一でいいじゃないですか」という話をするのが順序だと思いますけどね。

2　日本の政治に民主党が生まれた意義と必要な理由

――この本では政権交代可能な二大政党を作るべく民主党が結成されたことが書かれていま

すが、一方で簗瀬さんは、政治家という実践家の立場である以上、この国で本当に二大政党制は機能するのかという議論について、一定程度で追求を止めているとも書かれています。今日はせっかく高野さんがいらっしゃいますので、あえて「日本に二大政党制が必要な理由」を議論していただき、その上で、「なぜ二大政党の一翼が民主党でなければならないのか」をお聞かせください。

高野　それは一九九三年の政治改革以来の日本政治の流れをどう捉えるか、ということなんですね。

九三年宮沢内閣のいわゆる政治改革国会で、小選挙区制導入の議論をめぐって自民党はまっぷたつに割れ、社会党・公明党・民社党はすべて「自民党に三分の二とられるに決まっている」とためらっていました。その時私は、社・公・民の人たちに「それは違う」と。「あなたたちが先に小選挙区制でいこうと言えば自民党は割れる。その状況で自民党の片割れも含め、政治改革という一点でまとまって政権構想を掲げていけば勝てる、そういう状況が生まれているんです。だから最初から『自民党は強い』という敗北主義はやめたらどうですか」と社会党幹部に散々言いました。

結局野党も小選挙区制に踏み切るわけですが、その時の議論は、「確かに自民が三分の二獲得するかもしれない。しかし同様に、野党連合が三分の二をとれる可能性もある。リスク

を冒してでも小選挙区制にいったんしなければならないのは、やっぱり政権交代が五五年体制を壊していく上でどうしても必要で、自民党の半分の人たちも今やそう思っているんだ」というものでした。一定期間、投票によって政権が変わるという経験を日本国民が積んでいくことが重要で、その結果自民党がとることもあれば野党がとることもある、それでいいんだと。

そして自民は分裂し、簗瀬さんはさきがけに入り、九三年六月の選挙で細川政権が誕生するわけですが、この政権は小選挙区制で生まれたわけではないけれど、ある意味、小選挙区制状況を先取りしたようなものでした。

細川政権は小選挙区制を法制化しただけでうまくいかず、結局羽田政権含め一一カ月で崩壊します。そして自社さ政権が誕生するわけですが、その後九四年一二月、小沢さんが新進党を作ります。その時マスコミが何を書き立てていたかというと、「保守二大政党制始まる」ということなんですね。

簗瀬さんはこの本の中で、九六年民主党の目的について社会党の解体が「ヒドゥン・アジェンダ」であったと述べられていますが、私にとってはそれは二番目で、まず一番にあったのが「保守二大政党制なんて冗談じゃない」という思いです。そんなものあるはずないし、世界にも存在しない。ここで立てるべきは、保守・自民党に対しリベラルの野党があって、その間で政権交代が問われる、この状況を作り出さなければお話にならない。ということで始まったのが、鳩山さん、横路さん、海江田さん、仙谷さんあたりを中心に始まった新党協議で、始めから「リベラル・フォーラム」と名乗りました。

まず第一に、小沢さんの新進党による「保守二大政党制」という構図を突き崩し、「保守対リベラル」という構図に置き換える目標があったわけです。第二に、そのリベラルというのは既存の社会民主主義とは一線を画さなければならない。当時のヨーロッパを見ると、古い歴史的刻印を負った社会民主主義を脱却した市民主体の新しいリベラル勢力が誕生していて、イギリスのブレアによる「第三の道」、ドイツ社民党の「ブラントの息子たち」、イタリア共産党は自ら解散したりという中で、日本にも同じ流れが絶対に来るんだという考えがありました。

ただそこで難しかったのは、リベラルという言葉の使い方です。リベラルという言葉はあいまいで人によって定義が異なるので、私は民主党結党宣言ではその言葉を使わず、鳩山さんが軸だったこともあり「友愛」という言葉を使い、これも漠然とした言葉なのでその中身を「自立と共生」としたわけです。

民主党はリベラルという以上、多様性の容認が大きな条件になります。鳩山さんのような保守的リベラル、海江田さんや菅さんに象徴される市民リベラル、仙谷さんのように社民党出身の社民リベラルが手を組んでいる。突き詰めていけば立場は異なるけれども、きちんとリベラルという共通分母があるからそれ以上は求めないと。だから綱領はいらないという議論をしましたね。

今の民主党を背負っている人たちはほとんどこのあたりの話を知らないのですが、ともかく一年半かけて苦心惨憺、準備を進めてきたわけです。

簗瀬　まさにそのあたりが新党を作る時の難しさですね。私は政治家という実践の立場ですから評論家や学者のようには済まないわけで、自分が考えていることを正面からずばりと言った結果、新党が尻すぼみになったらどうしようという恐怖感がいつもあるんですね。だけど、何も言わないで表に出さないでいると、わけのわからないものになってしまい、単なる権力闘争に憂き身をやつすような二大政党制になってしまう。これでは意味がないので、抑えるところは抑え、残すところは残すと苦心惨憺してきました。

お話を聞いてて高野さんと非常に考え方が似ていると思ったんだけれども、〝鶏と卵〟の話になるんですが、まず政党があって次に政権交代が生まれるというのが、通常のヨーロッパ型の政治の姿だと思うんですね。労働党とか自由党、保守党みたいな政党が、一つの社会基盤の中で自分達の利益を擁護する団体として先に形成されて、それが力を持つようになって政権に参加することになり、政権をとったりとられたりという政権交代が生まれる。

ところが日本はそうではなく、戦後長く続いた五五年体制という圧倒的な自民党優位の中でみんなぐしゃぐしゃっとなって、政権交代自体が生まれないことが問題だったんですね。そういった状況で、政党があって政権交代が生まれるのではなく、政権交代を先に起こさなきゃいけないというのがこの国の政治改革の特徴だと思いますね。

高野　ヨーロッパは階級社会だから。日本はオール中間層でしたからね。

簗瀬　オール中間層で政権交代が起こらないんです。でも政権交代がなければ、癒着構造とか官僚の肥大化になってしまう。だから政権交代が起きるような仕組みを作りましょうというのが先にきて、じゃあどういう政党を作ればいいのかという話が次に来たと。だから政権交代の仕組みづくりと、それを担う政党づくりを同時並行で模索していたところがありますよね。

高野　だからあの時、簗瀬さんも書いておられたように、自民党を飛び出した人が皆小選挙区制度に賛成かといったらそうじゃなかった。だけどとにかく、自民党としても何か変えなくちゃいけないと思っていたんですね。

市民中心型社会への志向性

簗瀬　そうやって五五年体制に代わる、政権交代可能な政治体制を作り出さないといけなかったわけですが、私がその次の問題として思ったのが、やっぱり一定の理念とか、ある程度の政策傾向といったものを持たないで、単なる政権奪取を目指すだけの、政治闘争の緊張感をもたらすだけの存在でいいのかということです。それは高野さんが先ほどおっしゃられた「保守二大政党なんてとんでもない」というのと同じ話です。

私の場合ですと、まぁ自民党は残るだろうなと。でも自民党はごった煮なので、どこかで切り離すことができる。その上で自民党に対抗していくためには、一つの持続的な社会勢力としてあるのは労働界、すなわち連合ですから、連合としっかりパートナーシップを組んだ上で、連合の要求を取り入れながらいかに政党を作っていくかという発想になるんです。

そこで先ほどの経済政策の話になるんですが、新自由主義とどう対峙していくのか、新自由主義に対して懐疑的な立場をとり、格差と戦う姿勢を打ち出すのが、連合とのパートナーシップの鍵になると思ったんですね。

さらにもう一つテーマとして出てくるのが、市民という考え方です。ちょうど九三年ごろ日本にＮＰＯの考え方が持ち込まれたのですが、本格的なＮＰＯ時代のきっかけとなったのは一九九五年の阪神・淡路大震災です。この市民中心型社会というのを民主党結成にあたって高々と掲げれば、先ほどの労働界、自民党のリベラル派と言われる人たちが入ってこられる。その中で新しい政党のコンセプトが出てくるんじゃないかなと思っていました。

高野　ＮＰＯというものが社会のあり方として出てきたのは、やっぱり阪神・淡路大震災でしたね。その直後に民主党の結成協議が始まったわけで、やはり影響は大きかったです。

そういった動きが、鳩山政権の「新しい公共」という概念につながってきます。官僚が公共を独占してきたこれまでの一〇〇年間に対し強力なアンチテーゼを表明したわけですが、きちんと説明できないまま退陣してしまったのが残念です。鳩山さんの所信表明演説、あの平田オリザさんが手伝った演説は、今読んでみても非常に豊かな内容だと思います。官ではなくむしろ市民が主役になって公共を担っていくんだ、「官にお預け」は卒業しようよということが見事に表明されている。こういった市民重視の姿勢というのは、民主党に最初からある、さきがけ由来のものでしょうね。

簗瀬　鳩山政権のもと寄付金税制を変えて寄付金控除という非常にいい法律を作っていて、これこそ民主党が長年追い求めてきたことなんだと、もっと大々的にアピールすべきでした。

高野　本当にそうですよ、あれこそ大きな成果でした。

簗瀬　まぁあのとき鳩山さんは普天間の問題で大変でしたから……。でも寄付金税制こそ、民主党の根本にかかわる政策だと思います。

ＮＰＯ法（特定非営利活動促進法）は自社さ政権の時に協議が始まって、阪神・淡路大震災を経て制定された大きな成果ですが、法人の設立を容易にする段階までの話で止まっていました。次の段階で重要になるのがＮＰＯの活動資金、それが税制の話なんですね。霞ヶ関の官僚が税金を配分するんじゃなくて、市民が自分が応援したいと思える活動にお金を出して税制で優遇されるという、官から民という垂直型ではなく民から民という水平型のお金の流れを作りたい、こういう思いが我々にはあるのです。

これを税制として仕上げたのが鳩山政権だったのですが、官僚はこのような自分の既得権をおびやかすような税制を非常に嫌いますから、各省庁が「無しにしよう」という冷ややかな状況でようやく達成しました。

高野 寄付金税制は鳩山政権が崩壊しつつあるときに出来ましたからみんな政局ばかり気にして誰も見ていなかったのですが、非常に重要なポイントですね。

さきほどおっしゃった「垂直と水平」というので、私が昔からよく言っている話がありま す。

例えばアメリカで、ニューヨーク・フィルハーモニーを長年応援し続けてきたお婆さんがいたとします。彼女は毎月の演奏会にも通ってきたけどもう体が動かないので、長年愛したニューヨークフィルに財産を寄付したいと思うわけですが、アメリカでは原則、文化やスポーツに対する寄付は無税ですから「どうぞ」となります。ところが日本で同じことをやろうとすると、御上がそれを許さない。相続税とかでたっぷりと吸い上げられるわけです。そのお金が文化庁の予算に回ったとしても、彼女が愛したオーケストラの補助金に使われるかどうかはわからない。「予算の使い方はお前らごときが決めることじゃない、国全体のことを考えてわが官僚が決めるのだ」という仕組みになっているわけです。

やっぱりそれは違うだろうと。一人ひとりの意思が働いて「このオーケストラを育てたい」という自然な感情があってお金が流れる、そうすることで文化や公共空間を市民が直接育てていくのです。

鳩山政権はこの原理的な問題に取り組み、寄付金控除税制を初めて実現させたわけです。

簗瀬　九六年から種をまき続けて執念をもって実現させたことなんですが、今は民主党でもこのことを知っている人は少ないですね。

3　政権交代を通じて国民が政治を育てる

――政権交代の必要性という政治改革で醸成された流れの中で保守二大政党が言われるようになり、それに対して保守対リベラルこそが政権交代可能な二大政党制のあるべき姿であると打ち出し、新自由主義と距離感をもって格差と戦うのが民主党というわけですね。そして来るべき成熟社会を想定した市民中心型社会の実現というビジョンは、未だ途半ばであることがわかりました。

ただ民主党政権三年三カ月の経験から、国民は意義や理念以前に、民主党の政権担当能力に懐疑的であるのが現実だと思います。実際のところ、今の民主党に政権運営は可能なのでしょうか。

高野　民主党にも人材はいるんですよ。素材としてはある意味、自民党よりいるかもしれない。

やっぱりそれはね、明治以来一〇〇年、牢固たる官僚体制で運営されてきたこの国の中枢に入って、そうではないやり方の政権運営をやろうというんだから大変なことなんですよ。

私はよく言うんですが、細川・羽田内閣が一一カ月しかもたなかった。今度の民主党は三年三カ月。次やれば、五年から八年はいくんじゃないのと。

簗瀬　（笑）。

高野　そのくらいね、それもこれも国民の政治経験なんだと大局的に考えていかないといけないんじゃないかと思うんです。三年三カ月、立派なもんじゃないか、そんなもんだよと。それくらいこの国で政権交代を起こすのは難しいということで、国民が「支えられなかった自分の問題」と考えて引き受けていかないと、物事は前に進まないですよね。

簗瀬 いいお言葉ですね。やっぱりね、子どもが成長する時には、よちよち歩きで何度も転んでひざを擦りむいて進んでいくんですよね。もちろんそれを言い訳にしてはいけないけれども、我々は未熟でしたが懸命にやったと思います。やり方は下手だったけど懸命にやった。

例えば子ども手当の問題にしても、「チルドレン・ファースト」を掲げ、国家戦略として少子化と戦っていく姿勢を明確に打ち出した、これは素晴らしいことだったと思いますし、自民党だって引き継いでいかなければならないと思います。

ただ反省しなきゃいけないのは金額の話にしてしまったことで、理念の話で戦うべきだった。だから今度の民主党の綱領にしても、それを今後肉付けしていくためには忌憚のないブレーンストーミングを党内で行う必要があります。

その辺はかつての自民党はすごかった。政治改革のときだって、羽田先生は顔を真っ赤にして赤鬼のようになって一任決議をまとめていたし、その前段階としてお互いネクタイを絞りあげて、乱闘騒ぎになる寸前までいってましたから。それぐらいまでやらないと本当の意味での再生へのエネルギーは出てこないと思うし、まだそこまでやりきれていないんじゃないかな。

高野 まだやっていないと思うなぁ。まずは民主党内で、殴りかからんばかりの議論もできるような雰囲気ができていないですよね。みんな〝お利口さん〟なんだけれども、体を張って何時間でも議論するような作風が、民主党には一番足りないですよね。

4　簗瀬進の原点

――これまでのお話で、民主党の意義や必要性、二大政党としての自民党との対立軸、そして再生への課題が見えてきたように思います。最後に、それらを踏まえた政治家・簗瀬進の担うべき役割をお聞かせいただければと思います。高野さんは簗瀬さんに、どのような期待を抱いておられるでしょうか。

高野　私は、九六年民主党が生まれた時の議論とそれをまとめたいくつかの表現物、アーカイブを、もう一回今の民主党の若い人たちに勉強してもらいたいと思っているんですね。何人かの方には申し上げたのですが、そのためには「党学校」みたいなものを作って、自分の党の歩み、歴史、時代とのかかわりや意味合いについてきちんと共通認識をもたないと、それがないところで綱領とかスローガンとか総括とか言っても、やっぱりそれは宙に浮いた議論にしかならないと思うんです。

現状、民主党は再建途上にあると思うのですが、その段階で簗瀬さんのようなオリジナルメンバーは非常に少なくなっています。しかも簗瀬さんは政策を作っていく上での中心メンバーだったわけで、そういう人が重鎮として次の世代に継承する役割を果たしてもらいたい。そのためには国会に戻っていただくことが、どうしても必要だと思います。

簗瀬　本当にもう、頑張るしかないです。

私は何のために政治をやっているかというと、なにも民主党のためではなくて、民主党というポジションの中で何を目指していくかといえば、かつて間違った戦争をして多くの同胞を失い周辺諸国にも多大な損害をもたらした、なんであんなことになってしまったのかという思いが、やっぱり私の政治家としての原点なんですね。

私は一九九〇年に初当選した後、九一年、つまり日米開戦五〇周年の節目の年に、まぁ当時は自民党でしたが、アメリカというパートナーとこれから共に歩み、時に切り結んでいくための日米関係の原点を、自分でどこかで確認すべきなんだろうな、印象的な場所に行きたいなと思っていたんです。

そのころちょうど外務省北米一課長を辞めたばかりの岡本行夫さんがたまたま自民党に遊びに来ていて、そういった考えを話したのですが、岡本さんが日米の原点として行くべきだと勧めてくれた場所が硫黄島だったんです。

そこで私が国会議員同期生のみんなに声を掛けて、自衛隊の輸送機で硫黄島に行きました。

みんなで洞窟に潜ったわけですが、すさまじいところですよね。地熱が吹き上げてきて汗はだらだら出てくるし眼鏡はすぐに曇るような、ものすごく劣悪な環境で穴を掘って戦っていた。当時の包帯や消毒液の缶なんかがそのまま転がっていて、かなりショッキングな体験でした。こういう厳しい環境で我々の先輩方はよく戦ってこられたなと思うのですが、アメリカにとっても硫黄島は最大の戦いで、双方に多くの戦死者を出した日米が死力を尽くして戦った戦場が硫黄島です。

でも日本にとっては、結果は見えていましたよね。負けるに決まっている戦いをなんでしてしまったんだという思い、多くの命を失わせてしまった決定をなぜしてしまったのかという思い——これがやはり、私の政治家としての原点だと思います。

これからの日米にしても日中にしても同じですが、すべて考えていくべき原点として、私は歴史において我が先輩たちが何を経験し何を間違ったのかを踏まえることだと思います。そうしないとまたいつか過ちを犯してしまうのではないか、その思いが今も一番大切なことですね。

なかなかそういうことを考えてくれる国会議員が減ってきたように思いますので、私のような人間がこだわりを持ち続けて頑張っていかなければと思っています。

（二〇一三年三月一日、都内にて対談）

あとがき

二〇一三年二月二四日、民主党定期大会が行われ、そこで新しい民主党の綱領が採択されました（33ページ参照）。

私は、かねて民主党は綱領欠損症という病気にかかっていると指摘してきました。新綱領をつくるための激しい議論があればあるほど、党再生のエネルギーは高まるはずです。

私はこの日、午前中に行われた特別代議員の会議で、私なりに重要と思うポイントをいくつか質問しました。「他党とどう差別化するかが重要なポイント。自民と民主のもっとも大きな対立軸は、新自由主義との距離感であるはず」などとしたうえで、「もう一つの対立軸として、重要な国政問題についての国民投票手続きなど、直接民主主義的な手法を取り入れた新しい政治制度の提案をすべき」などの発言をしました。

第一次安倍政権の国民投票法案の審議に際して、民主党が対案として提出した法案がありました。対案の最大のポイントは、憲法改正手続きの国民投票とは別に、もう一つの国民投票を提案したことでした。それが「重要な国政問題についての国民投票手続き」です。

総理官邸を取り巻いた国民の声を総理が「大きな音」と言ったとの報道がありました。事の真偽はさておき、この報道によってもたらされた国民の失望感はすさまじいものがあったと思います。「民」が「主」と党名に高らかにうたっている政党が、「民の声」に率直に向き合えなかったのです。民主党は、このことをもっとしっかり反省すべきです。

海江田代表は私の質問に対して、綱領の冒頭に掲げられた「一　共生社会をつくる」の部分は、民主党が、新自由主義との対抗軸を明らかに意識している部分であることを認めました。そして、「格差の拡大・固定化」と戦うことこそ民主党の重要な基本であると付け加えました。新自由主義への距離感が自民党とのもっとも大きな対立軸であるとの考え方は、今度の綱領で不十分ながら明確にされたと言えます。

一月に発表された「たたき台」にはなかったもので、新綱領であらたに付け加わったのは、「憲法の基本精神を具現化する」という部分です。「国民主権主義・基本的人権の尊重・平和主義」の三原則を具現化するとの冒頭の表現は、この三原則を憲法改正の限界であると認めたうえで、その趣旨を積極的に拡充していく立場を明らかにしました。そして、締めくくりの部分にある「国民とともに未来志向の憲法を構想していく」との表現は、民主党が単なる護憲主義ではないことを明らかにしたものです。

いっぽう安倍総理は、総選挙後にあらたな方向性をうちだしてきました。それはまず憲法九六条の改正から着手するとの考え方です。九六条は憲法改正の発議要件を規定した条文です。これを改正の第一の目標にした真意は、おそらく九条改正は刺激が強すぎるから、国民の関心が低い手続き規定から手を付けたほうがよい、そしてこれができれば、すべての憲法規定の改正は楽にできる、といったところでしょう。

安倍さんには、憲法改正には限界があるなどの認識は皆無です。国民主権・基本的人権・平和を憲法改正の限界と考える民主党と、改正に限界なしと考えている安倍自民党との間には、きわめて明確な対立軸が浮かび上がってきました。

今回の地震・津波・原発事故に遭遇した私たちは、日本社会の今までの様々な仕組みが持っている意外なもろさを実感しました。「想定内」という安全装置はもはや機能しません。「想定外」の事態であっても的確な対応ができるような仕組みを、この国の政治と行政はどう整えていくか。

政党も簡単に意見集約できないような様々な課題が連続する時代になってきました。

新しい鍵は、高度に発達した情報技術を駆使しての合理的な国民の意見集約しかないと思っています。それが直接民主主義的な政治改革。そしてそれは「重要な国政問題についての国民投票」の実現です。そしてそれこそが新しい民主党の使命であると信じています。

最後に、対談に快く応じていただいた高野孟先生、昨今の極めて厳しい出版事情の中で、意気に感じて本書の出版を引き受けて下さった花伝社の平田勝社長、本書の構想の段階から様々なアドバイスをいただき、執筆のみならず対談までもリードしていただいた編集者の佐藤恭介氏に対して、心からの感謝を申し上げたいと思います。こうした人たちのご指導・ご鞭撻がなかったならば、本書は日の目を見ることはなかったでしょう。

二〇一三年三月

築瀬　進

篆瀬 進（やなせ・すすむ）

1950年栃木県宇都宮市生まれ。栃木県立宇都宮高校を経て1974年東北大学法学部卒業。1978年栃木県庁入庁、同年11月司法試験合格。1981年栃木県弁護士会に弁護士登録。

栃木県議会議員を経て、1990年2月第39回衆議院議員総選挙旧栃木1区において初当選。1993年6月自由民主党離党、新党さきがけ結成に参加。1994年6月建設政務次官。1996年1月衆議院公選特委員長。1996年8月新党さきがけ離党、9月民主党結成に参加、初代政策調査会長。衆議院議員2期。

1998年7月、第18回参議院議員選挙栃木選挙区において当選。参議院議員2期の間に、参議院内閣常任委員長、民主党参議院副会長、民主党税制調査会副会長、民主党参議院国会対策委員長、参議院予算委員長などを務める。2010年7月第22回参議院議員選挙栃木選挙区において惜敗。

現在、民主党栃木県総支部連合会常任顧問、民主党参議院比例区第17総支部支部長、弁護士（栃木県弁護士会所属）、行政書士（栃木県行政書士会所属）。


「市民が主役」の原点へ——民主党“新生”のために

2013年4月20日　初版第1刷発行

著者 ——— 篆瀬　進
発行者 —— 平田　勝
発行 ——— 花伝社
発売 ——— 共栄書房
〒101-0065　東京都千代田区西神田2-5-11出版輸送ビル2F
電話　03-3263-3813
FAX　03-3239-8272
E-mail　kadensha@muf.biglobe.ne.jp
URL　http://kadensha.net
振替 ———00140-6-59661
装幀 ———黒瀬章夫（ナカグログラフ）
印刷・製本— シナノ印刷株式会社

ISBN978-4-7634-0661-3 C0031